Qué bueno es ser parte de un proys
Diario para esposas jóvenes. Doy ... ... n
y a Lala por el privilegio de invita ... ... a
maravillosa obra para miles de no ... ... a
era pequeña quise y supe que iba ... ... l-
poner canciones e historias con una rica creatividad. A sus cinco
años me decía: "La lectura es para mí como el agua que bebo diari-
amente", cuando ya había leído más de cien libros, entre los cuales
está su favorito: la Biblia. Libros que la han llevado a forjar el conocimiento que Dios le ha dado para edificar su vida y la de muchas
personas. Este, su primer libro, es una poderosa herramienta en un
mundo que se caracteriza por atacar a los jóvenes comprometidos
con el matrimonio. Bienvenidas novias, esposas y mujeres a esta fascinante aventura en pro del matrimonio.

—ANA LAURENZA BERNAL GARCÍA
Licenciada en pedagogía reeducativa
Docente en la Secretaría de Educación
Bogotá, Colombia

El amor es real y existe, soy fiel creyente de esta hermosa verdad.
Considero que el tema que Dios inspiró a mi amiga Lala es realmente valioso, ya que las mujeres jóvenes solteras o recién casadas
necesitan herramientas para tratar con este regalo que es el matrimonio. Nadie nos enseña a ser esposas. De ahí lo oportuno de esta obra,
que nace no solo de la experiencia de la autora, sino de las historias
de sus seguidoras en las redes sociales o en otros medios. Particular-
mente, como mujer soltera preparándome para mi matrimonio, lo
considero un libro muy valioso. Gracias, Lala, por compartir tu testimonio. Será de gran ayuda para miles de mujeres en todo el mundo.

—STEPHANIE CAMPOS ARRIETA
Autora de *El valor de la espera* y *Transformación profunda*
Conferencista internacional, Costa Rica

Excelente, inteligente y apasionada detallista, así es Lala Herrera,
una mujer que ama servir en todo tiempo. Su libro es una gran herramienta para las mujeres que se casan jóvenes, práctico y sencillo,
con experiencias coherentes de una autora joven que ha pasado por
mucho. He visto la manera en que Lala ha superado las adversidades,
siempre con su hogar, su esposo y su relación con Dios al frente. Al
fin llegó un libro que nos empodera y anima al matrimonio.

—JULIANA LOAIZA
CEO Fundación Mujer Eva. Revista Eva Magazine, Cali, Colombia

Conocí a Lala hace varios años. Tuve la oportunidad de profundizar acerca de sus retos como mujer, esposa joven e hija de Dios entre otras cosas. Es una joven con un corazón humilde y deseosa de encontrar respuestas a las encrucijadas de la vida. Tiene algo que hace su caminar más corto y certero: un deseo urgente de buscar la dirección de Dios y no rendirse. He sido testigo de las historias que narra en este libro y de la transformación de su matrimonio. Lo recomiendo segura de que Dios lo usará para sanar y dar esperanza a los matrimonios jóvenes con dificultades. Este libro es un recurso maravilloso. Lala, te felicito, es excelente.

—MARIE GRIFFIN
Conferencista internacional

Diario para esposas jóvenes es más que experiencias personales, es un recurso que nos ayudará a construir nuestra historia, a ser buenas esposas, a dejar que Dios intervenga y a ser mujeres con matrimonios creativos, que impacten a esta generación.

—MAYRA NAZARIO
Comunicadora, Miami, Florida

Lala Herrera es una joven inteligente, sensible, disciplinada y alegre que, a su corta edad, cuenta con autoridad para hablar de muchos temas esenciales para las jóvenes. Es una mujer sabia a la hora de dar consejo. Sé que muchas esposas jóvenes, y no tan jóvenes, serán bendecidas por las estrategias que Dios le ha dado.

—FABIOLA ROMERO
Autora de *El perfil del comunicador de hoy,* Miami, Florida

Diario para esposas jóvenes, es un libro de lectura obligatoria en el que cada tema te guiará a conocerte más y a aprender a vivir un mejor matrimonio. Lalita, gracias por dejarte usar con este libro. Seguro que será de mucha bendición para cada lector.

—GUDIEL DELGADO
Cantautor, Atlanta, Georgia

DIARIO PARA

ESPOSAS
jóvenes

TRANSFORMA TU RELACIÓN DE PAREJA
SIN MORIR EN EL INTENTO

LALA HERRRERA

CASA
CREACIÓN
Para vivir la Palabra

Para vivir la Palabra

MANTÉNGANSE ALERTA;
PERMANEZCAN FIRMES EN LA FE;
SEAN VALIENTES Y FUERTES.
—1 CORINTIOS 16:13 (NVI)

 Diario para esposas jóvenes por Laura (Lala) Herrera
Publicado por Casa Creación
Miami, Florida
www.casacreacion.com
©2020 Derechos reservados

Library of Congress Control Number: 2019942754
ISBN: 978-1-62999-297-6
E-Book ISBN: 978-1-62999-298-3

Desarrollo editorial: *Grupo Nivel Uno, Inc.*
Diseño interior: *Grupo Nivel Uno, Inc.*

Copyright © 2019 por Laura Herrera
Todos los derechos reservados.

Visite la página web de la autora: www.lalaherrera.com

Todos los derechos reservados. Se requiere permiso escrito de los editores
para la reproducción de porciones del libro, excepto para citas breves en
artículos de análisis crítico.

A menos que se indique lo contrario, los textos bíblicos han sido tomados de la Santa
Biblia, Nueva Versión Internacional® nvi® ©1999 por Bíblica, Inc.© Usada con permiso.

Nota de la editorial: Aunque el autor hizo todo lo posible por proveer teléfonos y
páginas de Internet correctas al momento de la publicación de este libro, ni la editorial
ni el autor se responsabilizan por errores o cambios que puedan surgir luego de haberse
publicado.

Impreso en Colombia

21 22 23 24 25 LBS 9 8 7 6 5 4 3

DEDICATORIA

A todas las esposas jóvenes que, como yo, decidieron lanzarse a la aventura del matrimonio, y por la cual Dios nos está formando para poder disfrutar al máximo de la misma.

A mi Samuel, mi esposo, quien ha sido mi guía, mi amor y compañero en este reto de #Ser1Mensaje y un reflejo del amor de Dios entre y desde nosotros.

A mi mamá y mi hermanita, las reinas de quienes siempre aprendo y llenan mi vida de esperanza y fe; por supuesto, a mi papá, Oswal, quien cuidó de mí y cuyas palabras recuerdo constantemente en mi corazón.

A mi suegra, mujer de fe, siempre servicial y dadora, quien me enseña todo el tiempo la importancia de la generosidad y de la fe en contra de toda circunstancia. A mi abuelita, Efi, sin sus oraciones muchos de los milagros que vivimos no serían realidad.

A mi tía Hilda y su esposo Oscar, junto con mi Valentina, un hogar que siempre me ha enseñado que con risa y amor se puede tener un amor para toda la vida.

A mi familia, ejemplo de perseverancia y fortaleza.

A nuestros mentores, Richard y Judy Hernández, su ayuda para formarnos como esposos ha sido fundamental en nuestro hogar y ministerio.

A Chuy y Analaura, mentores de *Diario para esposas jóvenes* y un gran apoyo para mi proceso en la formación del corazón de una esposa #AlEstiloDeDios.

A Fabiola Romero, Glory Herrera, Marie Griffin, Stephanie Campos, Juliana Loaiza, Pilar Be, Carla Giraldo, las mujeres de mi familia y las esposas de mis primos, amigas de las cuales he aprendido y a quienes en gran parte debo ver reflejado este sueño.

Por supuesto, a Dios, de quien provienen todas las cosas y a quien van dirigidas. Si no fuera por su gracia, no existiría una historia que contar.

CONTENIDO

INVIERNO

PRIMAVERA

PREFACIO

QUERIDA ESPOSA:

Si este diario llegó a tus manos, no es casualidad; sin embargo, si tienes o esperas una relación perfecta, no creo que este sea el libro indicado.

No soy una esposa #tipoPinterest, de esas que nunca cometen errores y que parece que despiertan con maquillaje, felices todos los días de su vida.

Soy una esposa de carne y hueso, #modeloSinPhotoshop, y en este libro encontrarás eso: historias apasionantes, tristes y alegres en las que seguramente leerás experiencias que tú misma hayas vivido.

Por favor, escribe en las hojas de este libro, llénalo de notas y papeles... Te aseguro que no es un texto más. Será una guía práctica y sencilla para dar vida a nuestros matrimonios y responder todas esas dudas que tenemos cuando nos enfrentamos a construir un hogar.

En estas hojas podrás identificar historias de algunas mujeres que, al igual que tú, están aprendiendo a llevar su matrimonio. También encontrarás espacios para contar tu historia y reflexiones, al fin y al cabo, este libro será tan tuyo como lo quieras hacer.

Gracias por leerme, estoy para servirte, quiero que te diviertas, que levantes tu cara, que seas la mujer más feliz y realizada del mundo.

Quiero verte plena, risueña y hermosa, tal y como Dios te creó.

No esperemos más, tomemos un café y comencemos la aventura.

Con amor,

—LALA HERRERA

PRÓLOGO

UNO DE LOS errores que a mi entender practica el matrimonio es no querer compartir o, mejor dicho, guardar en una caja fuerte todas sus experiencias por no ser vulnerable a fracasos o para proteger su imagen de los demás, sin darse cuenta de que no está resolviendo nada.

Guardar las experiencias matrimoniales (sean buenas o malas) en un baúl para proteger quiénes somos y cómo nos pueden ver los demás, a mi entender, puede ser el camino a una posible muerte matrimonial.

Es importante y también necesario buscar alguien con quien platicar, especialmente cuando hablamos del matrimonio, pero sabemos que Dios ha determinado a personas a nuestro alrededor que fueron llamados a escucharnos y ayudarnos, porque... es verdad que debemos platicar con alguien, pero tampoco con el barrio entero.

Lo maravilloso de *Diario para esposas jóvenes* es que Lala te lleva a una intimidad tal con el tema del matrimonio, que casi puedes sentir que estás platicando directamente con ella y que le has compartido tus experiencias matrimoniales. Lala te da las respuestas que estás buscando, sin tener que contar tus dificultades a los cuatro vientos.

Creo que aunque este libro es para esposas jóvenes, ayuda también a las esposas con más años en el matrimonio a encontrar las llaves de las experiencias pasadas que estuvieron perdidas por mucho tiempo, y les ayuda a abrir esas puertas de felicidad que el matrimonio adulto había visto cerradas por muchos años.

El matrimonio tiene muchas etapas, Lala te las presenta con claridad y te ayuda a poder enfrentarlas, lidiando con cada una de ellas en el transcurso de la maduración del hogar.

Una cosa es tener el conocimiento por medio de estudios y otra cosa es lo que Lala muestra con su vida en cada capítulo. Lo que más me gusta de este libro es que la autora no presenta el matrimonio desde el punto de vista de alguien que solo estudió pero no ha vivido estas experiencias (aunque sé que estudiar es muy importante y sé que Lala ha estudiado bastante también), nos muestra el lado de la experiencia vivida mezclada con el conocimiento de la Palabra. La escritura está hecha con la mayor vulnerabilidad que pueda existir. Lala desea ayudarte, sus vivencias de discusiones fuertes con su esposo te muestran una transparencia real y la verdad (sin tapujos) de lo que puede vivir una mujer frente al desafío de un hogar; pero al mismo tiempo, te empodera y te brinda las herramientas para enfrentar cada una de tus vivencias.

Diario para esposas jóvenes contesta no solo las preguntas: ¿por qué me casé?, ¿qué error he cometido?, ¿esto era lo que me esperaba?, ¿sería esta la persona que Dios tenía para mí?, ¿debo alejarme de mi esposo?, ¿puedo botarlo de la casa?, sino que de forma muy bien diseñada y estructurada, muestra a través de la luz de la Palabra que el matrimonio es parte de la convicción que Dios nos ha enseñado en ella.

La realidad de la vida matrimonial a veces parece muy cruda, ¿no? Suele dejar heridas, a veces deja el sabor de que nadie creó la solución para nosotras, que cada día que pasa nos hundimos más en un hoyo sin poder escapar de él; sin embargo, te puedo asegurar que no es así. Aquí verás la verdad y el propósito de la unidad del matrimonio. Entre experiencias de Lala y de muchas de sus seguidoras amigas, sabrás que no estás sola y que hay solución, conocerás que hay un propósito en todo y que tienes en tus manos la solución para la felicidad.

No sé si eres de las que muchas veces has querido renunciar, tampoco sé si sabías que las vivencias anteriores pueden marcar nuestras vidas para bien o para mal, dejándonos sin aire para poder disfrutar el matrimonio. *Diario para esposas jóvenes* te muestra cada proceso y cómo podemos sacar ventaja de cada uno de ellos para beneficio de ambos. Asimismo, te da las herramientas de cómo puedes vivir en plenitud una relación y ser feliz.

Leyendo este libro, recordé tanto el rechazo que ha vivido mi esposo hasta el día de hoy por parte de su padre biológico y pude ver con claridad la realidad de la vulnerabilidad de un ser humano y cómo cada marca puede ser llevada a los lugares incorrectos.

¿Qué nos llevamos al matrimonio? ¿Sabías que cuando nos casamos nos llevamos con nosotras muchas cosas como culturas, estilos, malas experiencias, corajes, decepciones, dolor y muchas cosas más, y ahora de buenas a primeras y a veces sin darnos cuenta queremos meter a esta otra persona en lo que yo creo que es la vida?

Bueno, pues encontré que Lala, con un estilo que jamás había visto, te muestra la realidad del matrimonio, ayudándote a encontrar quién verdaderamente eres en Dios y cómo la unidad del matrimonio refleja la perfección de Dios.

Lala expone su parte vulnerable, la que muchas no queremos mostrar para protegernos, pero ¿protegernos de qué? ¿Sabías que la victoria de Jesús fue a través de la vulnerabilidad? Se hizo vulnerable para que su Padre se glorificara en Él.

Creo que en este libro se refleja tanto a Dios que definitivamente será una de tus herramientas principales para vencer.

Las experiencias espirituales que ha vivido la autora son tan reales que su narrativa te lleva a estar dentro de ellas.

Es un libro fascinante y te lo vas a acabar de leer súper rápido. Lo mejor de todo es que es una herramienta no solo para casadas, sino también para solteras que van camino al matrimonio, para que puedan ver áreas que no ven ahora y para que sepan que todo va a estar bien, que hay respuestas.

Millones de matrimonios en el mundo andan buscando respuestas, pero lo que encierra *Diario para esposas jóvenes* no se encuentra en ningún otro lugar o libro.

Hoy por hoy tengo treinta y seis años de casada con mi esposo y sigo aprendiendo de mi querida Lala y sé que tú también lo harás.

Aquí verás cómo el hombre y la mujer son tan diferentes, pero a la misma vez tan complementados por Dios. Es ahí donde radica el éxito del matrimonio, en conocer la unidad que

Dios creó y dónde está el complemento de Dios para nosotros en nuestra pareja.

Quizá te sientas confrontada por Lala en algunas partes del libro, porque habla de lo golpeada mentalmente que puede llegar a sentirse una esposa y las tragedias que se pueden vivir en el alma, pero por eso te dije antes que en la vulnerabilidad hay sanidad y victoria.

No encontrarás en este libro la perfección de un ser humano, pero sí encontrarás cómo podemos perfeccionar nuestras vidas a través de Dios.

¿Cómo hacer para que no acabe el amor? ¿Cómo mantener ese amor intacto y no violado? ¿Cómo disfrutar a mi esposo siendo mi príncipe azul? ¿Cómo puedo sonreír todos los días con mi complemento? Estas y muchas preguntas más serán contestadas para ti en este libro de mi querida amiga que tanto admiro. Lala de mi corazón, jamás podría hablar así de este libro si no hubiese conocido a un ser humano tan bueno como tú.

A ti, querida esposa joven, date la oportunidad que estabas esperando con este libro. Léelo hasta la última página porque hay solución y esta es una de tus herramientas para encontrar la felicidad por siempre.

Si Lala y Sammy pudieron, tú también podrás.

—Pastora Migdalia Rivera
Iglesia CASAVIDA
Lawrenceville, Georgia

EPÍLOGO

Tras una fuerte etapa de lucha continua y en medio del desierto en donde solo veíamos valles de sombras, aparece la luz de Jesús, como siempre, dándonos día a día una nueva oportunidad. Gracias a eso, nace esta bella herramienta, la cual nos dio esa luz que necesitábamos en medio de ese valle.

El matrimonio enfocado en Dios es una gran bendición, en donde puedes disfrutar ser feliz y hacer feliz a la otra persona.

Le doy gracias a Dios por la vida de Lala, mi esposa, quien logró plasmar parte de este proceso de luchar junto a mí por nuestro hogar.

Gracias a sus oraciones, su dedicación, su elocuencia, humor, dulzura, ternura, su gran sabiduría y ese inmenso amor que le da ese gran impulso a este matrimonio.

Gracias también, por qué no, a sus errores y vulnerabilidad, los cuales nos permitieron ir creciendo juntos y con su corazón enseñable ir aprendiendo que no somos perfectos y que justamente en ello, es en donde Dios se glorifica.

Por mi parte, tampoco soy perfecto y lejos de serlo, reconozco que solo la gracia de Dios nos trae hasta dónde vamos.

Espero, querida lectora, amiga, esposa joven, que esta pequeña parte de nuestra experiencia sirva de algo para tu matrimonio.

Como hombres necesitamos esa verdadera ayuda idónea de la que habla el Señor, para que juntos podamos lograr ese gran sueño llamado familia.

Recuerda que cada matrimonio es único y solo tú puedes escribir tu diario para contar.

—Samuel Arana

INTRODUCCIÓN

Recuerdo un día, llevaba cinco meses de casada y habíamos tenido una discusión tan fuerte con mi esposo que tuve que salir corriendo del apartamento y luego del complejo. Corrí sin cesar en medio de la oscuridad, mientras las lágrimas se escurrían por mi rostro.

Había dejado todo por él, me fui de mi país, dejé a mi mamá y a mi hermanita. Comencé desde cero en otro lugar y decidí creer aunque las cosas fueran difíciles. Sentía que debía seguir, estaba obedeciendo a una voz en mi interior que me decía que persistir era lo correcto.

Si me preguntan, no me casé enamorada, me casé por convicción; creí que debía hacerlo. Antes de casarnos habíamos aplazado el matrimonio un año, nos habíamos hecho daño, dijimos palabras ofensivas, duramos doce meses sin vernos y el dolor de todo esto había marchitado el enamoramiento. Los primeros meses del matrimonio fueron horribles. Me encontraba al lado de un hombre que estaba en duelo por perder su "independencia" y que ahora tenía que responder por otra persona en un país en donde todo es costoso.

El matrimonio definitivamente no era lo que esperaba, se parecía más a una zona de guerra y desolación que a las historias bonitas que veía en las películas románticas. El tiempo pasaba y mi príncipe azul se me desteñía con cada lavado.

Quienes vivieron esa etapa con nosotros saben muy bien que nuestro matrimonio parecía acabarse. No cuadrábamos en nada; sufríamos demasiado. Nos asemejábamos a un puercoespín al lado de un globo de aire, pues cada vez que tratábamos de acercarnos salíamos heridos.

En esa noche de diciembre, mientras corría, solo podía pensar en tomar un avión y volver a la casa de mi mamá. Pensaba que necesitaba retroceder el tiempo para meditar mejor mis decisiones. Tal vez así hubiese previsto que ser inmigrante y esposa al mismo tiempo iba a costar trabajo; pero ¿tanto? Me costaba creer que la renuncia fuera más grande de lo que estaba ganando.

Seguía mi camino mientras pasaba observando casas con decoraciones navideñas. Por las ventanas podía ver familias abrazándose. Me imaginaba a la esposa perfecta, cocinando galletas perfectas, en un matrimonio perfecto. Y yo al frente, sintiéndome tan sola, viendo la vida pasar, abandonada y necesitada.

Necesitaba un abrazo, necesitaba amor, no quería volver a mi realidad.

Le echaba la culpa a mi esposo. Creía que si él fuera diferente, las cosas serían mejores. Lo señalaba por no ser el hombre que yo necesitaba. Creía que era un cabeza dura, indolente. Todos mis señalamientos y rabia se dirigían a él.

Si tan solo él cambiara, si tan solo pudiera hacer esto, si tan solo viera lo otro... En mi mente, mi infelicidad tenía su nombre.

Sin embargo, con el paso del tiempo, me di cuenta de mi error. La verdad es que yo estaba bramando en esa calle necesitando un abrazo, necesitando amor. Creía que necesitaba que mi esposo me llenara y fuera otro para sentirme plena, pero ¡qué gran error! Pedía a gritos el abrazo de un Padre, no el de mi esposo.

¿Saben? Mi papá no fue un hombre "bueno". Él cometió muchos errores, atentó contra la vida de mi mamá y de nosotras, sus hijas, muchas veces. Para mí fue relativamente fácil poder perdonarle todo el daño que me hizo cuando era niña. Entendía que él era el resultado de las malas decisiones de mis abuelos. Sin embargo, en ese momento mi corazón gemía. Necesitaba un papá que me dijera qué debía hacer, que me ayudara a entender al hombre con el que me había casado, que me explicara sobre el amor, que me afirmara que todo iba a salir bien y que aunque no me sintiera amada sí lo era. Entonces, me di cuenta de que en el fondo, sí seguía odiando a mi papá, no solamente por todo el daño que nos había hecho, sino también por su ausencia en el momento en el que más lo necesitaba.

Me acordé que en la iglesia me habían dicho que Dios era mi Padre.

Así que levanté mi mirada a ese cielo estrellado de manera desafiante y le dije a Dios: "¿No que soy tu hija? ¿En dónde estás cuando te necesito? ¡No quiero vivir más así! ¡Ayúdame! No me siento capaz de manejar esta situación. No entiendo al ogro que me mandaste por esposo. ¿No lo ves? Una pared y su corazón tienen la misma dureza. ¿Por qué me dejaste meter en este lío?".

Una sensación de soledad me invadía y, aunque no quería, decidí volver al apartamento.

Quisiera decirte que en ese momento un ángel radiante bajó del cielo y me dio de comer y beber o, en palabras más modernas, me consoló y ayudó; sin embargo, no fue así. Ese fin de año pasó, las cosas no cambiaron, y duramos así por unas cuantas semanas.

Aunque la respuesta no llegó de inmediato, pasó algo que cambió mi vida.

Hoy, casi cinco años después de esa noche, puedo decir que aprendí a conocer la voz de mi Padre de los cielos, que me guía para tener el matrimonio soñado y el corazón de esposa que día a día Jesús ha ido desarrollando y llenando con su plenitud en mí.

Hoy soy una esposa feliz. Tengo un matrimonio en donde todos los días son sábados. Me siento amada, respetada, segura, valorada, todo lo que creía que era un caos se ha vuelto una fuente de vida, y este libro resume este proceso.

¡Mi esposo no es un ogro! Tampoco un príncipe azul desteñido. Es un rey. Es el hombre más amoroso del planeta, es dedicado, sabio, íntegro, honesto, de carácter, el mejor administrador financiero que he conocido. Tiene una sabiduría increíble, siempre huele bien, es paciente, feliz, cariñoso…

Mi esposo es un hijo de Dios. Todos los días me muestra cuán amada soy por Dios a través de sus hechos; sin embargo, conllevó un largo proceso para que pudiera quitarme la máscara de juicio y dolor, a fin de conocer lo admirable que es él.

Querida esposa joven, estoy segura de que tienes una historia similar a la que escribí en un principio. A todas nos pasa... Hay instantes en donde sentimos que la situación es más grande que nosotras. Cuando nos casamos, lo hacemos con la idea de que todo va a funcionar y será perfecto (la mayoría de las veces). Nos vemos a nosotras mismas en ese traje blanco, con las flores y en la boda... y creemos que la clásica frase de "fueron felices para siempre" se hará realidad en nuestra vida por arte de magia.

Recuerdo que estando de novia un amigo nos decía: "El enamoramiento es una ceguera y la cura está en el matrimonio". Lo miraba con desdén, respondiendo que esas eran puras patrañas, que nunca me iba a pasar a mí. Tendré un matrimonio diferente en el que seremos felices como nadie más. Pero el tiempo me enseñó que mi amigo no estaba tan equivocado.

El matrimonio, al igual que la vida, tiene temporadas, por eso *Diario para esposas jóvenes* está dividido en cuatro temporadas: verano, otoño, invierno y primavera, en donde cada parte relata temas referentes a los ciclos de las familias jóvenes. Espero que te encuentres en alguna de ellas y que nunca pares de avanzar, siempre hay un nivel de gozo e intimidad más grande para los hogares.

Aclaro, este libro no se trata de religión, tampoco es un tratado psicológico para que nuestros esposos sean como nosotras queremos. Es un diario cuyo principal objetivo es llevarte a descubrir el diseño de Dios en ti y, al hacerlo, poder reconocer la esposa que Dios destinó que fueras desde antes de la fundación del mundo.

No esperes que todo se dé fácilmente. La mayoría de las cosas que valen la pena requieren esfuerzo. Anímate conmigo y ¡hagámoslo juntas! ¡Sí, es posible ser feliz en un matrimonio joven!

VERANO

Grábame como un sello sobre tu corazón;
llévame como una marca sobre tu brazo.
Fuerte es el amor, como la muerte,
y tenaz la pasión, como el sepulcro.
Como llama divina es el fuego ardiente del amor.

—Cantares **8:6**, NVI

Capítulo 1

EL DÍA EN QUE UN LIBRO CASI ARRUINA MI HOGAR

QUERIDA ESPOSA, SI tienes en tus manos este libro, quiero contarte que seguramente vas a amarlo y a odiarlo. ¿Para qué mentirte?

Hace unos años, recién casada, tenía varias dificultades en mi matrimonio, como te conté en la introducción.

Puedes imaginar que como buena *nerd* y lectora que soy, adquirí el hábito de comprar y leer todos los libros de acuerdo con cada necesidad que iba teniendo en mi vida; y bueno, al casarme, no fue la excepción. Busqué todos los libros de matrimonio y relaciones que existieran. Leí postulados extensos de teología, libros prácticos del hogar, tratados psicológicos sobre las diferencias entre el hombre y la mujer, inteligencia emocional, comunicación en el hogar, etc. Todo lo que hablara de amor, era atrayente para mí.

Sin embargo, en la mayoría de los libros que encontré, pude ver que en vez de enseñarme y ayudarme a mejorar la situación de mi hogar, muchos de ellos me hacían sentir frustrada y me ponían en contra de mi esposo o me daban argumentos para pelear con más fuerza. Me hacían creer que yo tenía la razón y que sabía qué era lo "correcto" para un matrimonio feliz.

¿Por qué? Porque en la mayoría de esos libros se hablaba tanto del deber de la esposa como el del esposo para un matrimonio perfecto, y como yo era la que estaba siendo formada y mi esposo no recibía lo que yo leía, trataba de "enseñárselo" en mis fuerzas y a mi manera.

Este libro es diferente. Aquí no le hablo a ningún esposo sobre cómo edificar un hogar, sino a esa esposa que necesita saber que aunque su marido no esté en la misma búsqueda que ella, hay esperanza y hay opción para tener un matrimonio feliz.

No te voy a decir qué rol debe hacer el otro para que tú lo puedas cambiar, no. Este libro busca confrontarte, entrar a tu corazón y mostrarte que de la mano del Señor todo va a ser transformado si permites que Él te use.

Una vez, un libro casi arruinó mi hogar. Estaba peleando con mi esposo porque sentía que no me daba mi lugar. Me veía a mí misma desplazada por muchas de las circunstancias que le rodeaban.

Así que sin más preámbulo, tomé varios libros y en la sala del apartamento en donde vivíamos recién casados, me empeñé en encontrar un arma para acabarlo y decirle que según todos los especialistas, salmistas, pastores y maestros, él estaba equivocado y yo en lo correcto.

Cuando encontré un título en uno de esos pequeños libros que se adaptó a lo que necesitaba, lo leí y subrayé. En mis manos tenía la prueba irrefutable que comprobaba que era la mujer más "desgraciada" del planeta (o eso pensaba yo), y que demostraba que mi esposo era un "insensato" que estaba haciendo todo al revés. Lloré desconsoladamente. Sabía que él no "entendería" esa realidad, y lo único que eso lograba era hacerme sentir cada vez peor.

¿Acaso los principios para ambos no estaban en la misma Biblia? ¿Por qué él no podía entenderlo como yo lo hacía?

A medida que iba leyendo, la rabia iba creciendo en mi interior. Susurraba todas las cosas que le iba a decir cuando él volviera de trabajar. Gesticulaba con fuerza un discurso cual Spurgeon de ser necesario. Tenía que conmover ese duro y frío corazón de piedra. Incluso, hasta respondía las preguntas que me imaginaba que él me iba a hacer o a los comentarios que de antemano creía que iba a decir.

Para qué decir más. Toda la tarde me llené de esa mezcla de emociones y de diálogos internos e incesantes. Era tan grande mi rabia que cuando mi esposo llegó, en mi imaginación, ya había acabado mil veces nuestra relación, había empacado y estaba de vuelta en casa con mi mamá. En mi mente, creía que se sentiría miserable. Luego de tanto dolor y tras llorar un par de días, por fin recapacitaría, me llamaría y, con voz de arrepentimiento, me diría que lo perdonara y que nunca iba a suceder de nuevo, que yo era la reina de la casa.

En la vida real, le serví su cena en silencio. Sentía que si hablaba sería la última conversación de nuestro matrimonio. Estaba segura de que ese era el día que tanto había esperado.

Respiré, lo miré y le dije: "Quiero que hablemos".

Él respondió: "¿Ahora? ¡Está bien!".

Yo, embriagada con mis emociones comencé a llorar. Todas las palabras de mi discurso ensayado se fueron y quedé diciendo únicamente "esto no funciona, estoy cansada y me quiero ir".

A lo que él respondió, aturdido por tanta emoción y por mis señalamientos: "¡Vete! Yo no estoy deteniendo a nadie".

¿Te imaginas mi respuesta? ¿Acaso yo no le importaba? Él se levantó, prendió su celular y lo que para mí era fundamental, mi herramienta para demostrarle todo su error, se quedó en palabras, me metí al cuarto y seguí llorando. Aprovecho para decirte que aquí no voy a mostrarme perfecta y mucho menos te voy a hablar desde un matrimonio tipo Pinterest. Cada testimonio aquí contado tiene la autorización de mi esposo. Hoy en día, tenemos una relación completamente diferente. De hecho, juntos aconsejamos a parejas en sus procesos de acople; pero, si no te digo cómo empezamos y cómo hemos ido creciendo, no podrías entender el proceso que estamos caminando para construir junto a Dios, lo que día a día tenemos.

Volviendo a la historia, después de su respuesta, me quería meter en su cabeza y golpear cada una de esas palabras que me decía.

Volví al libro y me dije: "La próxima vez que vea al escritor le diré que sus principios, aunque bíblicos, no sirven". Mi esposo nunca iba a entender todo lo que "necesitaba" para ser feliz y, por ende, no lo iba a hacer.

¡Desgracia era mi segundo nombre! (Aceptémoslo, a veces somos algo trágicas o ¿solo me ocurre a mí?).

Bueno, tras esa experiencia tan catastrófica, ahora soy yo quien está escribiendo un libro para esposas y voy a tratar al máximo que toda la atención sea puesta sobre ti y tus necesidades.

Este es el libro que quisiera leer al comenzar a considerar en mi corazón ser esposa. Es el libro que quiero que mi hermana, primas, hijas y amigas puedan leer para saber que su historia va a tener el mejor desenlace y las aventuras más grandes si seguimos el libreto que Dios nos ha escrito.

Si hay alguien que puede cambiar el matrimonio vas a ser tú. Me voy a dirigir únicamente a la mujer guerrera, empoderada, fuerte, valiente, astuta y sexi que tome en serio su papel para ser una esposa al estilo de Dios y vivir en un matrimonio parecido a un pedazo de cielo; con tormentas a veces, pero cielo al fin y al cabo.

Por esto, y para comenzar por el principio, conoce conmigo las tres casas del amor. Quiero mostrarte una breve radiografía de los estados del amor y a los lugares que nos pueden llevar cuando decidimos poner en cada uno de ellos los cimientos eternos.

Antes de ir a la historia, quisiera contarte que me llegó esta carta en el formulario de consejería de mi ministerio digital. Compartiré unas cuantas de ellas que han sido modificadas para guardar anónimamente la historia de diferentes mujeres que, dicho sea de paso, cuentan con el permiso para publicarlas.

Léela conmigo. Quiero mostrarte el corazón de muchas mujeres como tú, para ayudarte a que puedas conocer el tuyo también:

> *Hola Lala:*
>
> *Soy Marianne. Soy una persona sumamente insegura. Desde muy pequeña he visto los problemas que constantemente mis padres tenían y eso me hace pensar en que posiblemente yo pueda pasar por lo mismo.*
>
> *Él es muy buena persona y sé que sus sentimientos por mí son sinceros… Ya no quiero seguir teniendo*

problemas con él por mis miedos e inseguridades. Debo y necesito confiar en mí, en los planes que juntos tenemos, pero sobre todo en lo que Dios tiene para nosotros.

¿Qué palabras tendrías para mí?

A esta carta, mi respuesta fue: "Mi querida amiga, por necesidad has tenido que avanzar en etapas de tu relación antes de tiempo.

A lo largo de mi vida, he encontrado que el único equilibrio para un matrimonio sano es que Jesús esté gobernando.

Tus miedos, inseguridades y demás se han dado por todo lo que has aprendido, pero Dios quiere escribir una nueva historia en ti en la que Él pueda darte el amor incondicional y las bases para construir una relación más fuerte.

Mi mayor consejo es comienza una relación y conoce a Dios. Decide hacerlo parte de tu vida diaria, ora, busca momentos para leer la Biblia e incluso rodéate de personas de fe. Si no asistes a una congregación, ve y trata de comenzar una vida en la que Jesús sea el actor principal. Cuando tu corazón sane, tus miedos se irán y estarás sana para poder trabajar en tu relación.

No temas. Si Dios está contigo, Él te cuidará".

Ahora sí, querida, viendo una de las historias con la que posiblemente te identificarás, quiero que continuemos. ¿De pequeña escuchaste el cuento de *Los tres cerditos*?

Las tres casas del amor y el lobo feroz

Había tres hermanos cerditos que construyeron tres casas. El menor y más ocioso, la hizo de paja, el segundo de madera y el tercero de concreto. Cada casa tuvo un tiempo diferente de construcción y una cantidad distinta de esfuerzo.

Cuando el lobo tenía hambre y buscaba chuletas frescas, decidió visitar a los hermanos cerditos. Primero pasó por la casa de paja. Sopló y la casa fácilmente se tumbó. Así que el cerdito menor tuvo que salir corriendo a la casa de su hermano del medio para resguardarse del peligro.

El lobo, al darse cuenta, corrió tras él y llegó a la segunda casa. Tomó aire fuertemente y sopló. Esta vez como la casa estaba mejor construida y sus bases eran de madera, no se derrumbó fácilmente. Le dio vueltas, tomó agua y volvió a soplar hasta que la casa quedó hecha triza. Los cerditos salieron corriendo y para resguardar su vida llegaron a la casa de su hermano mayor.

El lobo, feliz del festín que iba a tener, pensaba en los chicharrones, el tocino, las costillitas y el guiso que haría para cenar. ¡Hasta pasó por la tienda y compró sal de especias para que al comerlos le quedaran mejor!

Con lo que no contaba, era que la tercera casa no era como las otras.

Esta había durado en construirse diez veces más que la de sus hermanos menores. Cuando los cerdos estaban ya resguardados, pusieron una sopa a cocinar y vieron por la ventana cuando el lobo llegó.

El cerdito mayor, confiado en su construcción, no se preocupó. Puso buena música y disfrutó su cena vegetariana junto a sus dos hermanos glotones que, aunque temerosos, no iban a desaprovechar el momento para comer algo bueno. Al fin y al cabo, si ese día iban a morir, lo harían con la barriga llena y, por ende, el corazón contento.

Afuera, el panorama era otro. El lobo sopló, volvió a soplar, siguió soplando e inspiró una vez más. Golpeó la puerta, la empujó con sus fuerzas, gritó y aterrorizó, pero nada pasó.

El cerdito mayor había hecho su construcción con los mejores materiales y sobre el mejor cimiento. La casita ni se movió.

El lobo cansado se dio la vuelta y se fue.

Ahora tú, esposa joven, me preguntarás: ¿para qué me sirve esta historia?

La moraleja

Verás, como seres humanos estamos compuestos por tres áreas principales: espíritu, alma y cuerpo.

Ahora, que el Dios de paz los haga santos en todos los aspectos, y que todo su espíritu, alma y cuerpo se mantenga sin culpa hasta que nuestro Señor Jesucristo vuelva.

—1 Tesalonisenses 5:23

Hay personas que teológicamente o psicológicamente dicen que son más partes, otras dicen que son menos, pero para el fin de este libro lo vamos a dejar así.

El cuerpo es nuestro ser físico, nuestra piel, brazos, cabello, órganos internos, sentidos, etc.

Nuestra alma, no solo es la parte emocional de nuestro ser, sino que también incluye todos los procesos neurológicos de tu organismo, tu voluntad, sentimientos, aprendizaje, conocimiento, etc.

El espíritu, es la parte que nos conecta a Dios. Ese verdadero yo que nombra Pablo y que Jesús dice que cobra vida a través del nuevo nacimiento. A lo largo de la historia, muchos lo han llamado conciencia; otros, sexto sentido, pero la verdad es que cuando inicias tu relación con Dios, es esa parte de ti en la que Él nació y cobró vida. Ahí está tu conexión con el cielo.

Jesús le contestó:

—Te digo la verdad, nadie puede entrar en el reino de Dios si no nace de agua y del Espíritu. El ser humano solo puede reproducir la vida humana, pero la vida espiritual nace del Espíritu Santo. Así que no te sorprendas cuando digo: "Tienen que nacer de nuevo".

—Juan 3:5-7

¿Y entonces?

Si comparamos nuestro ser con el cuento de *Los tres cerditos*, el cuerpo puede ser tomado como la primera casa, la más frágil de todas. El alma, aunque un poco mejor construida, puede ser reflejada como la casa del medio y el espíritu, la casa sobre el verdadero fundamento: Jesús.

Todo esto es para decirte que el amor es un proceso en el que dos personas interactúan a través de su cuerpo, alma y espíritu.

Una relación es más que sentir mariposas inquietas en el estómago y derretirte cuando sientes el olor de tu esposo.

UN AMOR VIVIDO EN EL CUERPO

Un amor dirigido por el cuerpo y por tus impulsos físicos, será un "amor" pasional, fugaz, llevado solo por los sentidos y por el placer; fuerte para entrar y rápido para salir. Una casita de paja que cualquier viento o prueba puede destrozar.

Sé que pensarás que un amor así no debe ser necesariamente fugaz. Si tú estás en una relación guiada únicamente por el cuerpo, debo decirte que es gobernada por instintos y hormonas. Un "amor" así es basado principalmente por una atracción química de la que tarde o temprano el cuerpo terminará adaptándose, haciéndote sentir aburrida al final.

Hoy en día, este es el tipo de "amor" más común; nos han enseñado que el cuerpo manda y hay que darle el gusto. La industria musical, las iglesias, las novelas, Netflix, el internet, los colegios y los trabajos están llenos de relaciones pasionales que viven el momento, pero dejan a un lado la lógica. Hacen que las parejas se den mutuamente lo que necesitan para que luego, cuando la novedad haya acabado, se den la espalda para comenzar otro ciclo con un nuevo amor que "me ame como yo necesito".

Este tipo de amor fácilmente puede ser entendido "debajo de las sábanas", pero a la hora de establecer compromisos, sale corriendo por la ventana.

EL AMOR LLEVADO EN EL ALMA

Por otro lado, existe también el amor almático: una casita de madera. Ese "amor" que está lleno de sentimientos y bienestar. Un amor en el que predomina la cultura y tu aprendizaje, es decir, el "amor" para el que tu familia, medios de comunicación y películas románticas te prepararon.

En este tipo de "amor", la parte corporal se complementa con las emociones que experimentas. Se elaboran sentimientos, sueños, proyectos y llevan a un compromiso mayor como lo puede ser el matrimonio.

Un amor que se guía por el alma tiene grandes sueños y también expectativas, pero a su vez, contiene uno de los más grandes enemigos del matrimonio: la idealización.

Nuestro modo de pensar globalizado, influenciado por *La bella y la bestia* o Mulán, Frida Kahlo o Elizabeth Montgomery de *Hechizada*, hace que tengamos un preconcepto sobre las relaciones en el que o me complementa a mí o no lo necesito, o me sacrifico para agradarle y "amarrarlo" o, si no es lo que espero, lo dejo y nadie podrá detenerme en lograr mi objetivo.

El amor almático es agridulce. Llena todo lo que me enseñaron que debería hacer. Este tipo de amor, incluso con conocimiento y persistencia, ha hecho que muchos de los matrimonios de nuestros padres y abuelos "aguanten" toda la vida. Son ese tipo de relaciones a las que la costumbre y el tiempo han hecho duraderas.

En Colombia, hay un dicho entre las abuelitas que me parece triste y desolador: "Mi marido podrá tener muchas capillas, pero yo soy la catedral. Con eso me basta, soy la señora". Esta misma frase, ha mantenido a muchos matrimonios unidos tras muchos años hasta el día de hoy, pero supongo que tanto tú como yo estamos de acuerdo en que no es lo que queremos vivir y creemos que nuestra vida puede aspirar a algo mejor, ¿verdad?

El problema con este tipo de amor es que, así como en el cuento de *Los tres cerditos*, esta casa de madera puede tumbarse fácilmente. En el momento de llegar una tentación suficientemente atractiva, una enfermedad, un problema, la convivencia, ambos pueden querer salir corriendo del hogar o permanecer sin amor, amarrados por la costumbre y con una amargura constante en el corazón.

¿Has visto parejas que viven en la misma casa pero duermen en camas separadas y sin relación alguna más que de compañeros de apartamento? Un "amor" gobernado por tradición puede llegar a este punto.

Sumado a esto, considero que a nuestra generación no nos enseñaron a luchar por algo y a trabajar por arreglarlo, sino a vivir más al estilo de "si se dañó, lo votamos y conseguimos otro". Este tipo de amor puede ser inestable, empalagoso, altamente inflamable; y lo más preocupante es que es el más común en los matrimonios y en las relaciones actuales.

Este amor se puede parecer a ese chicle que llevas horas y horas mascando, que ya perdió su sabor y hasta puede sentirse duro de tanto estar en tu boca. Pero, como no has caído en la cuenta o no has comido nada nuevo, lo sigues dejando allí hasta que te duele la mandíbula. ¿Te ha pasado?

Un amor desde el espíritu

Finalmente, está el amor desde el espíritu. Aclaro: desde el espíritu y no "espiritufláutico" o religioso.

Cuando Dios gobierna, hay equilibrio.

Por eso hago la aclaración, pues un amor religioso que no involucra el alma y el cuerpo en su relación en una perfecta medida puede tender a asfixiar peor que cualquier otro.

Cuando hablamos de religión, hablamos de una serie de leyes y esquemas que, al buscar acercarse o entender a Dios, convierten todo en un sistema rígido que no tiene en cuenta la humanidad de quienes lo viven.

En cambio, cuando hablamos del gobierno desde el espíritu, no estamos negando nuestras emociones; tampoco negamos las necesidades de nuestro cuerpo. La diferencia radica en que ellas no gobiernan nuestras decisiones ni determinan el rumbo de nuestro hogar.

El sexo, la pasión, la ternura, el aprendizaje, los sueños, las metas en conjunto, cuando son gobernados desde el espíritu, van a disfrutarse mucho más de lo que imaginas y no van a generar confusión.

Este tipo de amor, llevado en el espíritu, es diferente. No son dos (hombre y mujer) sino tres, porque la primera relación de ambos es con Jesús y no con el otro.

En la medida en que permitimos que nuestros conceptos sean los de Dios, en que decidimos dejar nuestro raciocinio cultural y que sea Él quien gobierne nuestros principios, podremos encontrar que hay un tercer y más grande tipo de amor que no solo se limita al espíritu, sino que gobierna el alma; llena tu necesidad emocional y te permite sentirte plena, amada y respetada. También enseñorea el cuerpo, da satisfacción, alimenta la llama de la pasión y la mantiene encendida de manera permanente.

Una de las características de este amor es que en caso de que surjan problemas, por más fuerte que el lobo venga y trate de quemar el rancho, soplar y tumbarlo, si los cimientos se pusieron sobre la roca, permanecerá en pie. No por quienes edifican el amor, sino por la fuerza de Dios que sostiene la construcción.

Cuando los novios conocen esto, van a saber que el matrimonio va más allá de la celebración y la noche de bodas. Si como mujer sabes estas cosas antes de casarte, podrás prepararte para ver detenidamente a aquella persona que eliges para acompañarte toda la vida y saber que el matrimonio es una construcción, no un objeto comprado. Es un camino, no el destino.

Y si eres esposa, ¡buenísimo! Esta es nuestra dirección. Al final del libro tendrás todas las herramientas para permitir que Dios gobierne tu relación, y para que tu matrimonio sea una casa con los mejores cimientos.

MI DIARIO

1. ¿Puedes identificar en qué casa de las tres nombradas anteriormente está ubicado tu amor?

2. ¿Puedes determinar trabajar en la relación para que sea Jesús quien gobierne y actúe en la misma?

3. ¿Puedes detectar en qué aspectos de cada área tienes
   más problemas con tu marido/novio?

   - Física:
   - Almática:
   - Espiritual:

No te afanes si llenaste estas preguntas con muchos problemas a tratar. He estado en tu lugar y sé lo abrumador que puede ser evaluar tu propia relación y ver que hay muchas cosas
por hacer.

¡Yo encontré una solución para mí! Seguramente a ti también te podrá servir. No te despegues, voy a contarte de qué
trata en los próximos capítulos.

Capítulo 2

EL DÍA EN QUE CONOCÍ
A UN AMIGO

ESTOS PRIMEROS CAPÍTULOS del libro hablan algunas generalidades de las relaciones, la amistad, el sexo y el noviazgo. Es ideal para mujeres que están en camino a casarse o aquellas que tienen muchas dudas y no saben a quién preguntar. A través de estas páginas busco hablar sin censura de aquellos temas que, aunque damos por hecho, es necesario repasar, poner una buena base y generar un fundamento, que nos permita hablar con el mismo lenguaje los capítulos más difíciles y duros del matrimonio.

A partir del capítulo cinco, en "Otoño", comenzaremos a hablar de aquellas cosas que corroen el amor; pero por ahora, sigamos disfrutando del calor, la ropa ligera, el romance y los colores cálidos, al fin y al cabo, estamos en verano.

Hola Lala:

Mi nombre es Zulma. Conozco alguien que me gusta mucho, pero no sé cómo actuar con él. He tenido varios novios y no sé cómo saber si con este si funcionarán las cosas.

Tengo miedo a fallar y sufrir como he sufrido antes porque no supe elegir bien. Él me dice que quiere casarse conmigo, pero que prefiere conocerme como su amiga; no sé si esto significa que no le gusto. ¿Qué me recomiendas?

"Hola, Zulma. Gracias por escribirme. Uno de los grandes líos que tenemos los jóvenes es no saber vivir etapas y permitir que cada espacio tenga su momento. Lo ideal es que cuando decidas tener un novio lo hagas con el propósito de casarte algún día y no solo con el de darle gusto a tus emociones y sentirte amada.

Si él ha visto cualidades en ti como una opción para ser su esposa, tú también deberías estar haciendo lo mismo. Permítete conocerlo en diferentes áreas para saber si sería bueno avanzar en la relación con una razón más grande que solo "me gusta mucho".

Uno de los consejos más importantes que podría decirte es, ten paciencia. Vive tu amistad con él, conoce sus reacciones. Estás a tiempo de disfrutar una gran relación sin tener que afectar tu corazón en el proceso".

¡Qué lindo es estar enamorado! Los pajaritos cantan, el cielo se vuelve más azul, incluso hasta el día más gris se vuelve precioso cuando el amor está en el aire. ¿Verdad?

Yo recién enamorada era una boba viviente, en serio. A veces me río de lo que mi familia debió haber pensado cuando les empecé a hablar de Samuel.

Nos conocimos gracias a mi trabajo. Yo soy locutora y trabajaba en una emisora en Colombia y él es músico. Había tocado en algunos lugares en donde yo había estado; sin embargo, él estaba en su proceso de migración. Vivía en otro país y, aunque ambos veníamos de Bogotá, la mayor parte de nuestro noviazgo fue a distancia.

Estaba tan enamorada y él siempre me escuchaba en la emisora. Pasábamos horas y horas hablando por internet y nos acompañábamos a estudiar, tocar el piano o leer algunos libros.

De hecho, pensando en qué canción dedicarle, encontré una en piano bastante melancólica. En ese momento, se volvió nuestro himno. Él la aprendió rápidamente y la cantábamos juntos, tratando de romper la distancia con esas notas y nuestras voces.

Y allí estábamos ambos. Yo llorando por no poder tenerlo más cerca y él tocando la canción más triste del mundo.

Ese amor romántico y tan emocional que vivimos inicialmente cambia mucho con el tiempo. Las cosas que nos unen inicialmente no son las mismas que nos ayudan a permanecer juntos como esposos; como esa canción, que un día tanto nos conmovió y ahora pasa como un recuerdo gris delante de nosotros.

En estos días hablaba con varias mujeres acerca de la importancia del noviazgo y también de la amistad.

No podría comenzar este libro sin decir que el tipo de relación que debemos intencionalmente buscar en nuestra pareja es la amistad, pues si hay algo que perdura a pesar del tiempo y de las fallas es una amistad determinada.

Un buen matrimonio tiene como ingrediente una excelente amistad.

¿Quién no ha tenido ese mejor amigo o amiga?

Esa persona con la que puedes pasar horas y horas hablando y riendo sin que los temas se acaben o sin que te dé pena ser sincera.

Ese par tuyo con el que te sientes tranquila para llorar, reír, comer, salir sin maquillaje o maquillada en exceso y que sabes que aunque pasen dificultades podrás perdonar, saber que no fue su intención lastimarte y seguir adelante.

Esa persona de la que no demandas sino que das y recibes naturalmente. No sé si has tenido relaciones de este tipo. En mi caso sí, unas cuantas, además es la relación que Jesús ha tenido conmigo desde que comencé a conocerlo.

Quiero hablarte de una de mis mejores amigas, Fabiola Romero. ¡Tienes que conocerla!

Con ella nos hemos cambiado en autos, nos hemos llamado llorando y peleando con el mundo entero, hemos reído y hemos crecido. Hemos comido juntas en un supermercado y también en eventos grandes y elegantes.

Con ella puedo mostrarme como soy. Somos distraídas, se nos pierden las cosas, pero hemos crecido con el tiempo y nos estamos conociendo cada vez más. A su vez, ella y yo hemos tenido la confianza para hablar de temas que no se podrían tocar con todo el mundo. Tiene un lugar y voto en mi vida y, aunque ahora no estemos en la misma ciudad, la confianza sigue siendo la misma.

Todo noviazgo, matrimonio o pareja tiene un comienzo. Sé que el interés y el gusto pueden ser instantáneos, pero la amistad se cultiva y ese tiempo antes de entablar una relación es muy valioso para ambos. Ojalá te permitas tener una amistad antes de dar cualquier paso. No hay afán para continuar. Créeme, la vida, aunque parezca ir deprisa, tiene tiempo para cada momento.

¿Por qué es mejor esperar un tiempo?

Porque es el instante en el que tu cuerpo no está embriagado de hormonas y enamoramiento, te permitirá ser objetiva al observar a la persona que está a tu lado.

El noviazgo es una etapa maravillosa, pero es una lucha contra nuestras emociones, pensamientos e idealizaciones. Si te animas a ser amiga de tu esposo o a ser amiga antes de ennoviarte, vas a quitarte el peso de señora perfecta y le quitarás a él la etiqueta de superhéroe, para permitirte ver sus debilidades y amarlas.

Piénsalo bien. ¿Por qué a los amigos tratamos de entenderlos, les damos su espacio, los amamos aunque pasemos días sin vernos, y a nuestros esposos o parejas les caemos encima por cada cosa que no hacen como queremos?

Cultiva, dedica tiempo para conocer las pasiones de quien amas, redescubre a quien te acompaña, y te aseguro que encontrarás muchas sorpresas.

Ahora, no me malentiendas. El matrimonio es el mejor estado del ser humano. Es maravilloso poder compartir y tener un compañero que lucha a tu lado, te protege, cree en ti y trabaja para lograr los objetivos que mutuamente han establecido. Pero llegar a ese punto de "un equipo" o "somos uno" es un proceso, y el primer paso es cultivar una amistad sincera y desinteresada. ¿Crees que puedas hacerlo?

MI DIARIO

A continuación, voy a dejarte una serie de preguntas que puedo responder de mi mejor amiga y de mi esposo.

¿Podrías escribir las respuestas de tu pareja?

1. ¿Cuál es su mayor sueño?

2. ¿A qué le tiene miedo?

3. ¿Qué costumbre tiene que nadie más sepa y que incluso pueda ser extraña para los demás?

4. ¿Qué actividad le quita el estrés?

5. ¿Le duele algo cuando está nervioso?

6. ¿Cuál es su plato favorito?

7. ¿Qué tipo de cosas le hacen sonreír?

Capítulo 3

EL DÍA DE LA NOVIA

EL NOVIAZGO ES un momento muy lindo de nuestras vidas. Dime la verdad, ¿recuerdas ese primer beso que te diste con el amor de tu vida?

Yo recuerdo algo. Estábamos frente a un carro que él había conducido. Nos miramos y yo estaba tan nerviosa que temblaba y lo que hice fue abrazarlo. Al levantar el rostro, vi sus grandes ojos color café. Sonreí y nos dimos el primer beso.

Sentí que el tiempo se había detenido. Tenía el corazón a mil. Pensaba tantas cosas y al mismo tiempo no pensaba nada.

Estaba feliz. Era el hombre de mis sueños y allí estábamos los dos.

Pero, nunca te has preguntado...

¿PARA QUÉ ES LA ETAPA DEL NOVIAZGO?

Muchas de las cartas que a menudo recibo son de novias enamoradas, confundidas o tristemente vacías. Hace poco una de ellas me escribió:

> Buenas, soy fiel lectora de tus posts. Quiero pedirte un consejo. Hay un hombre con el que salgo hace un año y medio, pero tiene novia, y yo también tengo novio. Nuestra relación empezó de la nada. Ahora, ambos estamos enamorados, pero no hasta el punto de dejar nuestras relaciones. Hablo con Dios todo el tiempo sobre eso. Quisiera que él fuera el hombre que Dios tiene para mí. Lo nuestro siempre ha sido muy

intermitente, nos alejamos, pero siempre volvemos.
¿Qué debo hacer?

—Juanita

Esta es una de las temáticas que a menudo recibimos como consejeros con Samuel sobre los noviazgos y, más allá de lo correcto o incorrecto de lo que está diciendo, nuestra respuesta (sin detalles) para ella fue la siguiente:

"Lo que mal comienza mal termina. Dios no va a apoyar algo que esté fuera de su Palabra".

A lo que ella me contestó: "Está bien, lo entiendo. Entonces, ¿por qué todo siempre sale a nuestro favor? ¿Las señales son malas?".

Y este es el punto al que quería llegar con esta historia. Muchas de las relaciones actuales comienzan por desconocimiento y por confusión sobre lo que Dios quiere de nosotros o para nosotros.

El noviazgo, tal y como hoy en día la cultura actual lo vive, no es un concepto que esté registrado claramente en la Biblia. Y te hablo de la Palabra, para encontrar un equilibrio por encima de todo lo que a nuestro alrededor nos enseña y tanto ha lastimado nuestros corazones.

No soy una mujer religiosa que quiera agarrarte a "bibliazos" y decirte esto es bueno o esto es malo. Solo te comparto el camino que decidí seguir y que definitivamente creo que es el mejor para poder llegar a sentirnos plenas en nuestras relaciones.

Todos tenemos un decálogo de valores por el cual nos regimos. En este caso te hablo desde lo que he entendido y lo que Dios me ha hablado. Espero que puedas evaluarlo y determinar si podría servirte o no. Él no habla fuera de su Palabra.

Si se asemejara un poco lo que encontramos en la Biblia con lo que vivimos en estos años, el noviazgo sería la antesala al matrimonio y la iniciación del compromiso.

No te estoy diciendo que te cases con el primer novio que tengas. Siempre les he hablado a las novias antes de casarse acerca de que el noviazgo es el segundo momento; el primero es la amistad, en el que podemos abrir bien los ojos para evaluar a la persona con la que nos vamos a casar.

Es necesario poder ver las fortalezas y debilidades de ambos, y aquí quiero dar un mensaje contundente: Sí, tu novio tiene debilidades. No es un Hércules moderno que piensa exactamente como tú. Tampoco es tu alma gemela, aunque aparentemente tengan mucho en común.

El alma gemela es un mito que puede intoxicar nuestro corazón y que saca a relucir sus problemas en la idealización, pero de eso hablaremos en el capítulo cinco. Por ahora, te hablo del noviazgo.

Toma tu tiempo. En la medida en que te detengas y observes, podrás ver en él cualidades de liderazgo, de responder bajo presión, de administrar las finanzas, su relación con sus padres, su cuidado personal.

Posiblemente, en este proceso de observación, encontrarás áreas que no te den seguridad o que te molesten, tal y como nos escribió nuestra amiga en este mensaje:

> *Muchas bendiciones. Su página de "Diario para esposas jóvenes" ha sido de mucha edificación para mi vida, de verdad que Dios respalda este servicio que es para Él.*
>
> *El motivo por el cual le escribo es porque sabiendo la gran sabiduría que imparten quisiera que me aconsejaran sobre cómo debo actuar con mi prometido, ya que me desagrada en gran manera que diga malas palabras "groserías" al expresarse (fuera de la iglesia) y para mí pierde el atractivo.*
>
> *Él es un buen hombre, pero esa manera de expresarse no me agrada.*
>
> —ANNIA

En este caso, como le respondimos a Annia, es necesario que hables antes de casarte y le digas lo que no te agrada. Observa muy bien su respuesta. Si bien no tiene que hacer todo lo que creas que es bueno o malo, eso te dará una idea de qué tanto te escucha.

Así como esta historia, puede haber áreas un poco más fuertes de su carácter que no te gusten. Puedes hacer dos cosas:

hablar con él y observar su cambio, luego orar y pedirle al Señor que realmente sea Él quien haga los cambios profundos y reales; o, en el caso de que la diferencia *realmente* sea transversal, considerar tomar distancia y meditar bien el propósito del matrimonio o en la continuidad del noviazgo.

Con este fin, si estás a punto de dar el "sí", voy a ayudarte a que puedas saber que se puede negociar y que no en una relación antes de dar "el gran sí".

Aspectos realmente importantes antes de casarse

Cuando estaba soltera, junto con mi gran amiga July Novoa, escribí en un papel todos los requisitos que quería en mi futuro esposo. Recuerdo que incluía detalles como que oliera rico siempre, que tuviera barba, de pelo y ojos oscuros, alto y fornido... También incluí que supiera bailar y, otros detalles más, sé que todas las características no iban más allá de su físico y forma de ser.

Cuando conocí a Samuel, no saben la alegría de ver que era tal y como se lo había pedido al doctor, digo a Dios.

Fue tal mi emoción que cuando llevábamos ya un par de meses juntos y vi la dichosa lista, me dije a mí misma: "Este es, es tal como lo describiste. ¡Llegó el regalito de Dios!".

Sin embargo, al pasar un tiempo, me di cuenta de que había áreas en él con las que no me sentía muy cómoda. De hecho, una en especial que realmente me preocupaba: el miedo.

Como comencé a contar, en ese entonces, Samuel vivía en Miami y yo en Bogotá, Colombia.

Conseguir la visa para poder salir del país era un verdadero imposible. Llevaba dos años y medio de mi vida con una enfermedad crónica autoimmune muy fuerte y no podía trabajar en un lugar tradicional. Tenía una deuda de estudios y ningún bien material con el cual pudiera pedir los papeles para ir a Estados Unidos.

Necesitaba controles médicos especializados cada tres meses. Tenía ataques a consecuencia de la enfermedad y pasaba días sin poder levantarme.

Samuel, al ver esto, comenzó a orar a Dios y a decirle: "Señor, si ella es la esposa que tú me quieres dar, sánala. No quiero estar con ella y tener que pasar sus síntomas. La necesito entera y sana".

Luego de un tiempo de oración, esto lo cuenta mi esposo en nuestras charlas y conferencias, Dios le respondió con lo siguiente: "Y tú ¿por qué crees que la voy a sanar por ti? ¿Quién te crees para pedirme esto? Si la sano o no es mi problema. ¿Qué vas a hacer? ¿Qué tanto crees que yo pueda hacer por ella?".

Con esto, en ese entonces mi novio, me buscó y me dijo lo siguiente: "Le pedí a Dios que te sanara y me dijo que eso no me correspondía a mí. Si voy a estar contigo, debo creer en la Palabra del Señor y allí dice que en la cruz tú fuiste sana, así que lo vea con mis ojos o no, te voy a tratar como Dios dice que estás y voy a esperar de ti que te comportes de acuerdo con lo que Dios dice, ¿aceptas?".

No sabía en qué me metía cuando alegremente le respondí: "Por supuesto". Y después en medio de las crisis de dolor, él me animaba con amor y seguridad a ignorar los síntomas y levantarme, a caminar en las verdades que Dios nos había dicho.

Un año después, me dieron la visa para viajar a Estados Unidos. Creíamos que todo sería fácil y nos casaríamos en ese viaje, así que agarré mis maletas y llegué allá.

Pero, tres semanas antes del viaje, tuve una herida con un hilo dental en mis encías. Debido a la enfermedad que tenía, todo se complicó y se volvió un tumor pequeño en mi boca que literalmente no paraba de sangrar.

La primera vez que viajé a Estados Unidos estaba confiada en que Dios me sanaría y, a raíz de un par de cirugías que me hicieron antes de salir, estaba segura de que todo iba a estar bien. Sin embargo, un mes después, tuve que regresar por lo horrible e incómodo del tumor y el matrimonio quedó aplazado por un año.

En ese tiempo, aunque sabía que era Dios trabajando en el corazón de ambos, podía ver los ojos de temor en él. Estar con alguien que dependiera de un médico y de unas pastillas para vivir no era una carga fácil.

Sumando a esto, la convicción del poder de Dios, pero lo contundente del diagnóstico no fue un tiempo fácil para ambos.

Al año siguiente, el plazo máximo de durar separados y sin casarnos se cumplió. Estuvimos un año entero sin vernos, ni siquiera a través de los medios digitales. (Esto lo contaré en el capítulo seis. Les sorprenderá lo que sucedió cuando nos vimos).

Sabía que Samuel tenía temor, de hecho, durante ese año nos alejamos y "terminamos" nuestra relación durante varios meses.

Aunque lo amaba, sabía que la situación no era fácil ni para él ni para mí.

En esa época, mi lista de requerimientos para un esposo cambió. Empecé a ver lo que Dios esperaba de un hijo suyo y anoté todas las características en una hoja. Comencé a orar por ellas, a declarar fe, valentía, fuerza, sabiduría, todo lo que Dios decía del hombre que iba a estar a mi lado.

En las relaciones hay aspectos esenciales y simples. No todo lo que te parece importante lo es, como no todo lo que fácilmente asumes como obvio lo es.

Hoy en día, mi esposo es un hombre valiente, fuerte y decidido. El Señor se encargó de sumar a su personalidad las características necesarias para construir un hogar juntos.

Con esto quiero decirte que aunque todo comience con el enamoramiento, de "enamoramiento" no se construye un hogar.

Se necesitan bases más sólidas para edificar un hogar y en el noviazgo podemos aprovechar para evaluar y vislumbrar qué vamos a vivir en el matrimonio y qué cualidades o defectos podrán convertirse más adelante en grandes tormentas.

Los aspectos negociables y los "ni se te ocurra, huye"

Si estás soltera, es bueno que puedas identificar qué aspectos son negociables para ti en la persona que te va a acompañar y cuáles no.

Muchos de estos aspectos son personales. Conozco amigas que son muy buenas administradoras y no les gustaría estar al lado de un hombre que no sepa manejar las finanzas. Mujeres que sueñan con vivir en la ciudad y no quisieran estar con un hombre que le guste más el campo.

Aunque todos estos detalles parecen pequeños, cuanto más los puedas detallar, más te va a ayudar a prepararte para tu matrimonio.

Por otro lado, si ya vives en un matrimonio y sientes que estás casada con todo lo que no querías vivir, no te afanes. Dentro de pocas hojas encontrarás todo lo que necesitas leer.

Como recomendación, sugiero que hagas una lista de tus propios "negociables" y los "ni se te ocurra, huye", basada en las cosas que Dios aprueba o no, más de lo que tu alma o cuerpo pidan.

Por ejemplo, en mi lista inicial, una de las características descritas era el color de cabello y ojos. Aunque Dios lo cumplió y me encanta verlos, si los ojos de mi esposo fueran de otro color, mi vida no cambiaría drásticamente.

En cambio, uno de los puntos que aunque no lo incluí Dios me cuidó y se encargó de que así fuera es la manifestación de una relación constante con el Espíritu Santo. ¿Por qué? Porque la única manera de tener un hogar soñado, sano, fuerte y fructífero es cuando la relación incluye a Jesús como primer amor.

Si Él está, tienes más posibilidades de crecer y edificar un hogar sano; mientras que, de lo contrario, toda la relación será trabajada en la fuerza de la humanidad de ustedes dos y, de esta manera, podrá ser como la casita de madera que en medio de una batalla podría salir quemada.

Como temática práctica y como aviso de alerta, si en el noviazgo hay infidelidad o maltrato huye o toma un tiempo para meditar la decisión antes de continuar.

Un matrimonio o un hijo no va a amarrar o cambiar a tu pareja. Podrá haber un cambio temporal, pero si no hay convicción, lo que se ha hecho una vez se puede repetir dos veces. ¡Corre por tu vida!

Si eres creyente, no trates de convertir a alguien que no ama a Dios. Un hombre con Jesús en su corazón va más allá de un joven diciendo la oración de fe. Fíjate en sus frutos, observa qué tanto involucra al Espíritu Santo en sus decisiones cotidianas.

Económicamente hablando, es bueno que puedas observar su manejo con las finanzas. No significa que si es estudiante y está comenzando sea malo, por el contrario, puede ser una persona de grandes sueños y con propósitos claros. Pero te animo a que observes la manera en que administra el dinero, sea mucho o poco. Uno de los grandes aspectos que dividen los hogares actuales puede comenzar por el bolsillo.

SEÑALES PARA IDENTIFICAR AL HOMBRE CORRECTO

A menudo, recibo cartas de mujeres que dicen que Dios les ha hablado para casarse con hombres que no practican su misma fe ni tienen sus mismos principios.

Estas mujeres se basan en señales, "vellones", coincidencias o palabras fuera de contexto. ¿Te acuerdas de la carta de mi amiga Annia, la de las señales?

Voy a ser muy clara. Más por el peso de la responsabilidad que estas palabras pueden tener sobre tu vida entera o la de tu generación.

Dios no se contradice. En la Biblia encontramos sus no negociables para un hogar, y en repetidas ocasiones habla de la importancia de casarse con alguien del mismo yugo o que profese tu misma fe y sea gobernado por Jesús.

Sé que hay personas y doctrinas que enseñan sobre la importancia de las señales, sin embargo, la Biblia habla de que son las señales las que siguen la fe de los creyentes, no los creyentes quienes siguen las señales.

Y estas señales seguirán a los que creen.
—MARCOS 16:17, RVR1960

Las señales confirman la Palabra de Dios, no la generan.

Y ahora, Señor, mira sus amenazas, y concede a tus siervos que con todo denuedo hablen tu palabra,

mientras extiendes tu mano para que se hagan sani-
dades y señales y prodigios mediante el nombre de tu
santo Hijo Jesús.

—HECHOS 4:29-30, RVR1960

Además, desde que el Espíritu Santo fue derramado sobre nosotros y en nosotros a partir del Pentecostés, los hijos de Dios somos guiados por el Espíritu de Dios, no por las señales.

Porque todos los que son guiados por el Espíritu de
Dios, éstos son hijos de Dios.

—ROMANOS 8:14, RVR1960

Para finalizar, la Biblia también dice que cuando tengamos dudas acerca de si lo que debemos hacer proviene de nuestra alma o de Dios (del Espíritu), podemos ir a la Palabra y esta nos ayudará a discernir e identificar la respuesta a lo que necesitamos.

Porque la palabra de Dios es viva y eficaz, y más cor-
tante que toda espada de dos filos; y penetra hasta
partir el alma y el espíritu, las coyunturas y los tué-
tanos, y discierne los pensamientos y las intenciones
del corazón.

—HEBREOS 4:12, RVR1960

¿Qué quiere decir?

Que si lo que piensas o crees no va de acuerdo con lo que Dios instauró, entonces no viene de Dios. Él no se niega a sí mismo, no te dejes engañar.

Te hablo a ti, esposa o novia, que estás buscando la guía de Dios para tus decisiones.

Si aún te quedan dudas sobre este tema, sé por las cartas que he recibido que hay muchas novias que han vivido las señales más extraordinarias y raras que podrían suceder naturalmen-te, te quiero dar un último mensaje al respecto. Lee conmigo estos versículos:

> *Mas si aun nosotros, o un ángel del cielo, os anunciare otro evangelio diferente del que os hemos anunciado, sea anatema. Como antes hemos dicho, también ahora lo repito: Si alguno os predica diferente evangelio del que habéis recibido, sea anatema. Pues, ¿busco ahora el favor de los hombres, o el de Dios? ¿O trato de agradar a los hombres? Pues si todavía agradara a los hombres, no sería siervo de Cristo.*
>
> —GÁLATAS 1:8-11, RVR1960

Básicamente, este texto dice que si aun un ángel del cielo se te apareciera y te presentara otro evangelio —el evangelio es la buena noticia de que Jesús murió por nuestros pecados, resucitó y envió al Espíritu Santo para morar en nosotros cuando le aceptamos como Señor y Salvador— no lo oigas, no viene de Él.

¿Cómo aplicaría esto a nuestro hogar?

Sencillo, aun si viniera un ángel o recibieras una señal para decirte algo que está fuera del señorío o la voluntad de Dios o algo que en su Palabra haya establecido para cuidar nuestro corazón, no viene de Él.

No hay señal, ni palabra de profeta, ni versículo que pueda invalidar que Dios quiere cuidar tu vida y gobernar tu hogar desde un principio.

En pocas palabras, si tienes a Dios en tu corazón, casarte con una buena persona que no tiene a Jesús no es lo que el Señor quiere para ti.

> *No estéis unidos en yugo desigual con los incrédulos, pues ¿qué asociación tienen la justicia y la iniquidad? ¿O qué comunión la luz con las tinieblas?*
>
> —2 CORINTIOS 6:14, LBLA

Si ya estás casada con alguien que no cree en Dios, no te afanes. Más adelante hablaré a tu corazón de esposa. Por ahora, estoy tratando de hablarles a las jóvenes antes de casarse para que puedan tener luz a la hora de elegir a la persona que las acompañará toda su vida.

Es tan bueno... Solo le hace falta Dios

Amiga, yo entiendo que pienses esto. Es más, si ya estás enamorada, sé la frustración que debes tener al ver que las personas que creen en Dios parecen estar tan distantes de lo que tú quieres.

Pero más allá de ir a una iglesia o profesar públicamente una creencia específica en cuanto a su fe, lo más importante tanto en ti como en tu novio, si quieren tener un hogar puesto en la Roca, es que Jesús sea el Señor y el Salvador de ambos.

¿Qué significa esto?

Si Dios no es el Señor, quien con amor gobierna tus decisiones y tus pasos, quien con ternura forma tu carácter y acciones, al igual que a tu novio, la relación aún está inmadura.

Muchas de mis amigas son mayores que yo. Una de ellas ha estado pasando por dificultades muy serias con su salud y lleva muchos años en una batalla fuerte. Sé que una de sus mayores luchas es su necesidad de tener un apoyo espiritual en estos días. Le ha pedido a su esposo que la apoye orando y que juntos le entreguen su salud a Dios, pero él no ha estado disponible cien por ciento para hacerlo.

Aunque él ha respondido emocional y económicamente en medio de su prueba, ella no ha asistido a la iglesia en varios meses. Su sueño de tener un altar familiar constante y un apoyo espiritual ahora que tanto lo necesita no se ha cumplido.

No sé si logras ponerte en sus zapatos. Yo sí y sé que no ha sido nada fácil vivir este proceso sin la fortaleza espiritual de su esposo.

Un esposo que conoce el Reino de Dios, se moverá entre las tormentas de la vida con una guía firme y en un barco seguro.

Cuando he tenido problemas de salud, Samuel ha sido un guerrero a mi lado.

Se ha levantado en autoridad y junto conmigo ha orado cada noche. Él impone sus manos sobre mí y declara sanidad. Me ha instado a orar y a buscar palabra. Levanta constantemente la adoración en nuestro hogar y me acompaña en cada momento guiándome a creer por la sanidad que Jesús ya me ha dado.

Ahora bien, yo viví un proceso fuerte antes de casarme. Jesús ha sido mi sanador en diferentes ocasiones y, si mi esposo no me hubiera acompañado, igual el Señor habría actuado. La cuestión es ¿Cómo crees que serán más llevaderas las pruebas en un matrimonio? ¿Con alguien que es muy buena persona, pero que no podrá darte el respaldo espiritual cuando decaigas o con alguien que al igual que tú va a la fuente de vida para creer?

La regla de oro

Uno de los grandes errores en el noviazgo es no reconocer ni mantener los límites. Te contaré algo; como mujeres nos encanta sabernos útiles y valiosas en las vidas de los hombres. Cuanto más nos necesiten, más nos alienta, y esto puede ser peligroso para el curso natural de la relación.

La regla es: si eres amiga, compórtate como amiga; si eres novia, compórtate como amiga y novia; si eres esposa, compórtate como amiga, novia, amante y esposa. ¡No tomes el rol antes de tiempo!

Hablemos un poco más el tema: ¿Has notado que hay amistades que llegan a ser muy íntimas? Amistades en las que hay atracción, en las que parece que él necesitara hablar contigo y contarte toda su vida o necesidades emocionales; o, como yo lo llamo, ¿desahogo emocional?

Esas relaciones en las que pasan horas y horas hablando, y el mundo alrededor puede derrumbarse y ni cuenta te das. En las que pierdes la noción de todo. Se hablan a medianoche, a tiempo y destiempo porque están cultivando la relación.

Ok, este tipo de interacciones no son muy sanas. De manera constante, pueden cumplir un rol más de novia que de amiga. Cuando permites que esto suceda, es muy probable que tu corazón pueda ser lastimado. Todo el tiempo hablo con chicas a las que les pasa, y transitan un duelo al darse cuenta de que él no las ve como su novia, y la ilusión se creó con el argumento: él me necesita más de lo que necesita a "cualquier amiga normal".

Si esto no te ha ocurrido, no te burles ni lo pases por alto. La *friend zone* está llena de mujeres enamoradas de sus mejores amigos que no pusieron límites a las funciones de su amistad.

Ahora bien, si eres novia, este tipo de conversaciones son usuales, es más, necesarias para conocerse más a fondo. Pero recuerda siempre poner límites. Habrá un momento en donde los temas normales se acaben, las necesidades emocionales y las físicas se disparen y, en vez de compartir tiempo de calidad, pueden llegar a cruzar los límites que una relación de noviazgo debe tener.

¡Cuida el rol en tus relaciones!

Ahora bien, hay límites que son de esposa que no se deben cruzar en el noviazgo, y te voy a dar un ejemplo.

Cuando Samuel y yo estábamos ennoviados (ya te conté que nos íbamos a casar pero que se aplazó la boda), pasé un mes en la casa de su mamá en Miami y ella todas las noches le empacaba el almuerzo para su trabajo.

Un día, me sentí mal y me puse brava porque yo, la novia y futura esposa, quería hacer esa labor y ayudarle a mi novio a que me viera en ese rol de mujer hogareña y servicial.

Samuel habló conmigo y me dijo que aunque él conocía mi faceta de servicio, me pedía que no me involucrara aún, pues no era mi rol para ese momento. No estábamos casados y más adelante tendría que hacer eso hasta el cansancio (sé por qué te lo digo), pero no lo comprendía en ese instante.

Podrás ver esto como un consejo simple, pero la verdad es que los límites son saludables para el crecimiento de la relación. No hay acción sin consecuencia.

Así como esto, hay muchas barreras del noviazgo que uno como mujer quiere romper para vivir y sentirse necesitada al igual que una esposa. Esos límites se van a cambiar en el matrimonio, pero mientras tanto, respétalos, es tiempo de observar.

En lo personal, no estoy de acuerdo con las mujeres que lavan la ropa de sus novios, le arreglan su casa constantemente, etc. Esas son responsabilidades del siguiente rol, el de esposa.

Eso no significa que no seas acomedida, en especial delante de la familia de él. Es importante que si van a un lugar recojas los platos, te ofrezcas a lavar la loza, prepares una cena o un almuerzo o ayudes en cosas sencillas. Tú vas a ser la señora de la casa y en estos pequeños detalles tu futuro esposo va a observar este tipo de áreas en ti.

Tampoco recomiendo a las novias recibir regalos muy costosos de sus novios, ni permitirse aceptar cuotas de sostenimiento o dinero constante. Frente a esto, mi mamá decía que eso traía un compromiso innecesario para la relación y yo, tras haber aconsejado y visto el efecto de esto sobre los noviazgos, le encuentro la razón.

Conozco varias parejas en las que el novio le pagaba los estudios a su pareja, le daba un auto y una casa. Al llegar al matrimonio, esta labor que en ese momento correspondía a sus padres o a ella misma, alteró una línea de autoridad que luego causó problemas en muchos de ellos para que pudiera ver como un regalo lo que ella asumió como deber.

Otro de los límites que no deberías pasar es el área sexual. Sé que por cultura puedes estar pensando: hasta aquí voy a leer, hoy en día todo el mundo lo hace, ¿por qué no voy a hacerlo yo?

Bueno, si Dios lo dice es porque quiere cuidar tu corazón.

Aunque no veas consecuencias físicas al tener relaciones antes de tiempo, aunque te "cuides" y no quedes embarazada o prevengas enfermedades de transmisión sexual, hay consecuencias espirituales que conlleva pasar estos límites.

Si ya has cruzado alguna línea y en tu corazón sabes que ha estado incorrecto, estás a tiempo de arreglar las cosas. Conversa con tu pareja, determinen casarse o eviten las situaciones que los llevan a seguir teniendo relaciones sexuales.

¿A QUÉ EDAD DEBERÍA ENNOVIARME?

Hoy en día, muchas niñas comienzan sus relaciones sentimentales siendo menores de diez años y sus relaciones sexuales antes de los trece. Es triste porque a esta edad, ni siquiera nuestro cuerpo está completamente preparado para tener un compromiso o una relación estable.

Culturalmente, estas edades pueden variar. Mi abuelita se casó y tuvo a mi tía Blanca a los trece años. Hoy en día, conozco a mujeres que se van a casar a los treinta y un años y no tienen ni idea de lo que es tener un hogar.

Si quieres un consejo, la edad más que física debe ser la de una madurez, que nos permita entender qué es el noviazgo y cuál es el propósito de tener a alguien con nosotros.

Yo salí de mi casa muy joven, pero luego volví. Ese tiempo en el que estuve fuera me sirvió para darme cuenta de que necesitaba aprender más de las cosas prácticas de un hogar. En esos años, no sabía cocinar mucho, mi mente estaba en el estudio y el trabajo, malgastaba el dinero y pagaba muchas cosas extras por no organizarme.

Al volver a la casa de mi mamá, aprendí y ella me enseñó a desarrollar esas habilidades que tanto había necesitado, pero que mi mente ocupada en lo urgente había dejado a un lado.

¿Tienes capacidad para organizar tu propia vida? ¿Lavas tu ropa? ¿Sabes cocinar? ¿Administras sabiamente tus finanzas? ¿Qué tan automotivada eres? ¿Qué tanto te preparas para la vida matrimonial? El matrimonio es más que la luna de miel.

Al casarte eres la señora de la casa. Aquello que normalmente recibes por gracia y amor de tus papás, desde las cosas grandes hasta las pequeñas, ahora las debes dar tú. ¿Aún te levantan tus padres con la comida servida? ¡Maravilloso! Pero ¿estás preparada para empezar a hacerlo todos los días de tu vida por alguien más?

Esta carta me la escribió mi hermana al terminar de leer el manuscrito del libro. Te la comparto porque creo que podrás identificarte con ella, en especial, si leíste toda la primera parte que llamamos "Verano" y aún no te has casado.

Dios me ama demasiado y este libro es una de las tantas muestras de eso.

He visto a mi hermana crecer y madurar junto a Samuel. Su matrimonio ha sido un espejo de aprendizaje para mí.

Soy una mujer joven, soltera y, a no ser que Cristo venga antes, creo que en algún momento me casaré y viviré todos esos rollos que experimentan los matrimonios (¡Líbranos, Señor! Ja, ja). Por esta razón le agradezco mucho a Dios por la sabiduría que le ha dado a mis hermanos (Sami y Lala) para escribir estos consejos que debo tener en cuenta antes de comprometerme y decidir pasar mi vida junto a alguien más.

Aún no tengo novio, pero sé que cuando lo tenga, podré volver a leer "Verano" para guiarme a la luz de la Palabra. Quiero ser una mujer sabia y entender todas estas cosas antes de estar con alguien, de seguro me ayudará mucho.

Espero que si aún no estás casada, vivas con plenitud esta etapa de tu vida, que estés disfrutando cada proceso que Dios te permite vivir para perfeccionarte y hacerte cada día más parecida a Él. También espero que sepas que hay un Dios que te ama y que, al igual que a mí, te permitió leer este libro antes de embarrarla, digo, antes de casarte sin saber qué hacer.

Con cariño,

—ELIZABETH HERRERA

MI DIARIO

Si estás casada, responde conmigo recordando las respuestas que diste en ese momento y, si te vas a casar, abriendo tu corazón y siendo lo más sincera posible.

1. ¿Qué es lo más importante para mí en la persona que va a compartir conmigo toda la vida?

2. ¿Cómo soy como esposa?

3. ¿Por cuál área debo orar en mi vida para mi matrimonio?

4. ¿Por cuál área debo orar en la vida de él para nuestro matrimonio?

Capítulo 4

CUANDO FINALIZA EL VERANO: EL DÍA QUE ME SENTENCIÉ, DIGO ME CASÉ

Llegó la hora de la boda. Me imagino que debes tener mil preguntas y ansiedades, pero no te afanes, Dios te irá mostrando el camino.

Nosotros con Samuel no tuvimos una boda común. A veces creo que las cosas se dieron de esa manera porque de no haber sido así, no habríamos dado este paso.

Siempre habíamos soñado una boda en Colombia con todos nuestros familiares y amigos. Pensábamos que iba a ser oficializada por el pastor Frank González, nuestro padrino y quien fue mentor de Samuel durante su infancia y juventud.

Debido a que vivíamos en diferentes países y por cuestiones de papeles, nuestra mejor opción era casarnos en Estados Unidos. Y a raíz de que llevábamos un año sin vernos más una boda aplazada, nadie creía que esta vez nuestro compromiso se iba a oficializar de verdad.

A las seis de la mañana, recién llegada de mi viaje a Colombia, dejé las maletas en el apartamento, comimos algo y junto con mi suegra, Glorita, fuimos al juzgado. Según nosotros, a averiguar qué hacer para casarnos.

Una vez allí, preguntamos en nuestro inglés básico y con muchas señas algo relacionado con *marriage*.

La muchacha feliz, comenzó a digitar unas cuantas cosas, nos pidió los papeles y hasta allí nosotros convencidos de que solamente estábamos averiguando cómo casarnos, pedir una cita y venir otro día con más tranquilidad y un aire de boda más adecuado.

Recuerdo que la persona quien nos ayudó se nos acercó, nos preguntó si la información de nuestros papeles era cierta y nosotros dijimos: ¡Claro!

Se nos acercó nuevamente, esta vez acompañada de otra mujer que nos preguntó lo mismo y nosotros: ¡Claro!

Luego nos hizo firmar unos papeles, sonrío y aplaudió terminando en un indiscutible *"Congratulations!"*.

Nosotros nos miramos, vimos el papel que habíamos firmado y, efectivamente, nos habíamos casado.

Al voltear, se lo mostramos a mi suegra, y bastante extrañados, sorprendidos y asustados salimos de allí. Tomamos un par de fotos y al llegar al auto, la sorpresa más hermosa nos estaba esperando: nuestro carro estaba lleno de muchas florecitas blancas. No había muchos árboles cerca, por lo que interpreté que era Dios sonriendo por esa travesura que acabábamos de hacer.

Llegamos al apartamento. Glorita nos tomó de las manos y, como esas ceremonias antiguas en las que los padres daban su bendición sobre el matrimonio, bendijo nuestra relación y, en ese momento, todos tuvimos paz.

Al llamar a mi mamá, casi nadie podía creer lo que estaba pasando. Me pedían que revisara bien los papeles para saber si estaban correctos y, efectivamente, ahí decía que era la señora Arana.

Si hay algo que creo importante de las bodas es que más allá del valor del anillo, el vestido o la ceremonia, debemos estar convencidos del paso que estamos dando.

Yo, por supuesto, no recomiendo a nadie hacer las cosas como inicialmente las hicimos nosotros.

Ahora, también entiendo que la boda no es más que la línea de partida, es una estación y, si me permites decirte, la más corta de todos los años y las historias que vendrán juntos.

Así que si la tienes o la tuviste, disfrútala. Ese día es un día de fiesta, pero no olvides que el verdadero matrimonio tiene su comienzo en la boda, no es el fin.

MI DIARIO

1. ¿Cómo es mi boda soñada?
2. ¿Qué es lo más importante en la celebración?

El sexo no es un acto ni puramente físico, como nos han vendido en la TV, ni tampoco puramente emocional, como las películas románticas nos han adoctrinado.

En el matrimonio hay muchos momentos en donde todo nuestro ser: espíritu, alma y cuerpo se unen en uno solo, y el sexo es uno de ellos.

Muchas veces, por el esquema de valores que tenemos, tendemos a ver las relaciones sexuales como algo sucio o penoso y no debería ser así.

Parte del diseño de Dios para nuestra vida es que seamos seres sexuales, creados para que podamos entender de una manera física el poder de los lazos que espiritualmente se crean al ser uno.

El área sexual es un aspecto de la relación que tiene muchos cambios a lo largo de la vida del matrimonio. Algunas personas piensan que es en el principio cuando más se disfruta y, tras preguntar a varias parejas, he encontrado que no necesariamente es el común denominador.

Unos pastores de Bogotá nos contaron en una oportunidad que los mejores años de su vida sexual llegaron luego de transcurridos cinco años de casados. Según ellos, su intimidad ha ido en crecimiento; su desinhibición, su ternura y pasión han sido más genuinas en la medida en que la relación se ha ido consolidando.

Dios creó las relaciones sexuales y nos creó como seres sexuales. El sexo en el matrimonio no es solo para procrear, es para disfrutar, para comunicar, para dar vida y para crecer.

Disfruta del amor, disfruta del sexo, descúbranse, vivan lo que Dios ha dado para el placer de ambos. La intimidad es uno de los regalos más lindos del Señor para la pareja y, como todo lo que hace el Señor, es bueno.

OTOÑO

*Él mandará las lluvias propias de cada estación
—las tempranas y las tardías—, para que puedas juntar las
cosechas de granos, el vino nuevo y el aceite de oliva.*

—Deuteronomio 11:14

Capítulo 5

EL DÍA EN QUE MI ESPOSO DEJÓ DE SER EL MISMO QUE AMÉ

El primer antagonista: la idealización

Si hay alguien a quien le gusten las historias de amor, las novelas, los cuentos de hadas, las *chick-flicks* y las series romanticonas chistosas, es a mí.

Seamos sinceras, nada como ver ese final esperado tras ciento veinte capítulos en donde el protagonista se casa con la chica, todas las familias quedan contentas, el malo queda en la cárcel, la que siempre tramó el mal queda aburrida en una esquina, verde de la envidia de la hermosa y sonriente protagonista y colorín colorado, esta historia se ha acabado.

Luego aparece con una letra preciosa la palabra fin y de fondo un atardecer rojizo con la pareja tomada de la mano, la piel perfecta, el cabello en su lugar y una sonrisa en ambos como si ahora nada pudiera fallar. ¡Qué hermoso!, ¿verdad?

Cuando termina esta novela preciosa, apagamos el televisor, nos vamos a ver al espejo y estamos nosotras, con un moño en la cabeza que recoge todo el pelo, una camiseta grande y unos *jeans* descoloridos.

Nada parecido a la felicidad de esa novela se vislumbra en nuestra vida: los niños llorando, la comida haciéndose, los trabajos pendientes por entregar. Nuestra vida y rostro se parecen más a la de la villana que quedó en la esquina que a la de la protagonista.

Todos nosotros crecemos con una cantidad de ideales en nuestro sistema de pensamientos más grande del que realmente somos conscientes. Pensamientos y juicios que nos llevan a creer qué es correcto y qué no lo es, a partir de nuestras vivencias y la información recolectada a lo largo de nuestra vida.

Cuando me casé, de alguna manera imaginaba que decir el "sí, acepto" me llevaría completa e inmediatamente a *ser uno* con Samuel.

Me imaginaba caminando por la playa con él, sonriendo todo el tiempo, viéndolo presuroso a salir a comer, compartiendo, teniendo toda su atención y amor sobre mí.

Recuerdo que incluso me imaginaba dormir todas las noches en sus brazos, despertar y verlo contemplando mi rostro con una sonrisa en sus labios, para luego esperar un enorme desayuno que traería a la cama con una flor en la mano.

Para que sepas de dónde vengo, te voy a contar un poco. Mi mamá, a quien amo mucho, vivió muchas dificultades con mi papá. Él fue un hombre violento y maltratador que le hizo mucho daño, tanto emocional como físico.

Mis recuerdos sobre su forma de ser me llevaban a querer exactamente lo contrario de lo que vi en él, por lo que yo imaginaba que con mi esposo no tendríamos problemas.

En mi mundo ideal para nuestro matrimonio, no discutiríamos. Mágicamente estaríamos de acuerdo en todas las cosas y como un equipo querríamos lo mismo. Nos gustaría la misma comida, tendríamos los mismos horarios, etc.

Por relaciones anteriores, creía que en la relación con mi esposo, que era completamente diferente a la de los novios que en algún momento había tenido, nunca tendríamos opiniones encontradas.

Como ambos amábamos a Dios y éramos guiados por el Espíritu Santo, pensaba que por decreto ya sabíamos el concepto de qué es el amor y cómo expresarlo para sentirnos bien mutuamente.

La verdad es que todo este castillo se derrumbó dolorosamente sobre ambos, pues no solo yo tenía grandes idealizaciones sobre nuestro hogar, sino que él también. Al llegar ambos y descubrir que las cosas no eran como pensábamos, nuestro ideal fue desestabilizado; el *otoño* de nuestra relación estaba comenzando.

La idealización en nosotros viene de diferentes fuentes:

- Nuestra infancia y modelos familiares.
- Nuestras relaciones anteriores.
- Los modelos sociales dados a través de los medios de comunicación.
- Relaciones de parejas cercanas.
- Conceptos bíblicos y enseñanzas doctrinales.
- Nuestra cultura.

Cuando llegamos al matrimonio, traemos mentalmente una serie de características de lo que creemos correcto o incorrecto en un hogar. Usualmente, cuanto más grande y específica sea esa lista, más problemas tendremos en nuestro matrimonio, pues es más grande el molde que debe calzar el zapato para poder llegar a la medida.

Querida esposa, antes de continuar con la historia, me gustaría que adelantáramos tu diario y que tuvieras un momento para pensar en la idealización que has construido sobre tu matrimonio.

MI DIARIO

1. ¿Cómo fue el hogar de mis padres? ¿Qué cosas de ellos quiero repetir? ¿Qué cosas no?

2. ¿Cómo fueron mis relaciones anteriores? ¿Qué aprendí de ellas? ¿Qué definitivamente no quiero vivir en mi matrimonio que viví antes?

3. ¿Qué novela, serie, cuento o fábula me ha gustado y dejó una huella en mí? ¿Qué me gustó de algún protagonista en especial? ¿Qué no?

4. ¿Qué pareja de las que me rodea tiene un matrimonio sano y feliz? ¿Cómo quién me gustaría tener mi matrimonio? Por el contrario, ¿Qué pareja

definitivamente no quiero emular? ¿Cómo se comportan los esposos? ¿Cómo se comportan las esposas? ¿Qué cosas quiero imitar?

5. ¿Qué rol bíblico tiene la esposa? ¿Qué rol bíblico tiene el esposo? ¿Qué responsabilidades y demandas tiene cada uno?

6. ¿Qué cosas de la cultura de mi país o de mi familia espero vivir en mi hogar?

A partir de las respuestas anteriores y de todas las ideas que te hayan surgido, podrás ver el esqueleto de la idealización que tienes sobre tu hogar.

Ahora bien, según el doctor A. K. Pradeep, especialista en neuromercadotecnia, está comprobado que el noventa y cinco por ciento de las decisiones que tomamos se gestan en nuestro subconsciente; es decir, que gran parte de nuestras ideas preconcebidas tienen origen en pensamientos que ni siquiera reconocemos tener.[1]

Siendo así, la medida de lo que esperas de tu esposo va a crecer exponencialmente, dando cabida a desilusiones, dolor y confusión entre lo que esperas y lo que vives.

Tras aconsejar a mujeres, he encontrado que las frases más comunes en los labios de todas son: "no es lo que yo esperaba", "no es cómo se mostraba", "me siento defraudada", "el hombre con el que me casé no es el mismo del que me enamoré".

¿Por qué sucede esto? Porque en la convivencia, el mito se rompe y la realidad nos permite vivir otras circunstancias. Al igual que tú, tu esposo también tiene un ideal sobre lo que es un hogar y ambos son tan diferentes que mientras se acomodan, va a haber conflicto.

Recién casados, Samuel parecía un gato. Él quería su espacio. Como su trabajo le exigía tanto físicamente, llegaba cansado, con ganas de comer y luego se sentaba a ver algunos partidos de fútbol. Después jugaba algo de Xbox hasta quedarse dormido y comenzar otro día.

Yo, en cambio, estaba en casa todo el día. No podía salir del apartamento muy a menudo y no hablaba con casi nadie. Él llegaba y lo único que pensaba era en salir a dar una vuelta, ir a comer algo, hablar horas y horas y acostarnos abrazados para comenzar otro día.

¿Alguna vez viste la muñequita de Anime Pucca y su novio Garu? Bueno, exactamente así nos sucedía.

Me ponía intensa y demandante todo el tiempo sobre él. Reclamaba su atención, su tiempo y espacio de una manera que no era saludable para ninguno de los dos.

Ambos culpábamos al otro por no permitirnos vivir nuestro matrimonio de ensueño. Teníamos todas las justificaciones para decir que nuestra versión del hogar soñado era el correcto. Ambos teníamos dolor y necesidades que no estaban siendo suplidas. ¿Te ha pasado lo mismo?

Cuando fuimos a Dios cada uno por su lado, empezamos a ver que tanto su molde como el mío no era el ideal para ninguno de los dos. La multiforme gracia de Dios es tan rica que no hay dos personas iguales en el mundo entero. No hay dos huellas dactilares a lo largo de la historia con los mismos rasgos. El Padre nos hizo diferentes para expresar su amor, por lo que la fórmula de nuestro matrimonio no es la de nadie más, es la de Jesús.

> *Cuenta las estrellas y llama a cada una por su nombre.*
> *¡Qué grande es nuestro Señor! ¡Su poder es absoluto!*
> *¡Su comprensión supera todo entendimiento!*
> —Salmos 147:4-5

Amiga, la idealización no solo afecta a las parejas que están comenzando. Hay matrimonios de décadas que se quedaron estancados porque no supieron cómo continuar, después de que el modelo que tenían en su mente no se pudo llevar a cabo en su hogar.

¡Avanza! El matrimonio es una construcción diaria en la que el arquitecto del cielo tuvo en cuenta tu unicidad y la de tu esposo para hacer una gran obra maestra.

Entender esto no es fácil, por lo que te voy a ayudar. Seamos prácticas…

¿Cómo se vence el enemigo de la idealización?

1. Reconoce el poder de Dios y su soberanía sobre tu esposo, sobre ti y sobre tu matrimonio.
2. Reconócete y reconoce a tu esposo como dos personas distintas, con tradiciones, culturas y paradigmas diferentes.
3. Identifica los puntos en común, los desacuerdos y los puntos de conflicto que puede haber en la idealización de ambos. ¿Puedes hacer algo para traer paz a tu hogar?
4. En los puntos de conflicto y en los desacuerdos, ¿qué dice Dios? Si no es un tema claramente escrito en la Biblia, las escrituras dicen que somos guiados por el Espíritu de Dios. ¿Qué te dice a tu corazón? Y si aún tienes dudas busca un consejero espiritualmente maduro y ejemplar en su hogar para poder guiarte.
5. Si el punto no es trascendente, no te afanes. Tómate el tiempo para dejar que Dios lo resuelva y traiga claridad al corazón de ambos. ¡Suelta el control!
6. Déjate sorprender. Permite que Dios escriba tu historia, por más que quieras su poder creador y creativo va más allá del tuyo. Deja a Dios ser Dios y tú descansa en su poder.

No necesariamente las cosas van a suceder como crees que deben ser. Aprende a confiar y a desarrollar paciencia fundamentada en el poder de Dios.

Cuando comenzamos nuestro matrimonio, Samuel muchas veces me decía que yo quería vivir toda una vida desde el primer día, que quería hacerlo todo al mismo tiempo y tener los resultados finales de inmediato. Él, por su parte, es más paciente, tranquilo (tanto que a menudo me saca de mis casillas), pero he entendido que sus palabras son ciertas. Las mejores cosas toman tiempo. Tu matrimonio vale la pena, por tanto, deja obrar a Dios.

En el momento en que la idealización se cae y el enamoramiento o la sensación completamente física del amor va mermando, se va determinando en el hogar el verdadero amor. De hecho, te voy a explicar cómo funciona físicamente dentro de ti. Tu cerebro está compuesto de diferentes partes, una encima de la otra. La parte más interna está unida a la médula por el tallo cerebral y se llama cerebelo. Allí arriba, hay una pequeña parte que se llama la amígdala. La mayoría de las emociones básicas tiene su acción allí. Esta parte del cerebro también se encuentra en muchos animales. Fue creada para tener respuestas viscerales, es decir, respuestas sencillas y naturales a estímulos externos.

Al hacer una tomografía o al revisar en dónde principalmente hay actividad neuronal en el enamoramiento, se registra que la mayor actividad se encuentra en la amígdala y un poco más arriba en el sistema límbico.

Muchas personas dicen que el enamoramiento es como una droga, y este concepto no es tan errado. Estudios han demostrado que la segregación de sustancias cerebrales que nuestro cuerpo percibe como mariposas en la panza, son neurotransmisores llenando y cambiando la química de nuestro cerebro. [2]

Encima de estas estructuras, se encuentran más capas del cerebro, giros y órganos pequeños, pero más arriba y encima de la frente, en la parte delantera de la cabeza, está la corteza frontal. En esta parte, es registrada la actividad cuando se toman decisiones complejas, se evalúan las posibilidades y se agrega información compuesta a nuestra mente.

Cuando el enamoramiento cesa, el cuerpo presenta síntomas parecidos aunque en menor cantidad a los que un drogadicto manifiesta cuando sufre de abstinencia. Pero allí es cuando el verdadero amor en los matrimonios se comienza a construir. La actividad que más se realiza en el cerebro pasa de darse físicamente de la parte de atrás hacia delante, de lo básico a lo complejo.[3]

En pocas palabras, al terminar la etapa del enamoramiento se pasa de lo emocional-hormonal a lo racional.

En ese momento, cuando comienzas a ver la realidad de quien tienes al frente, en el que reconoces sus errores y decides amarlo; en ese instante, tu historia de amor comienza a escribirse sobre un terreno más firme.

No sé si te ha pasado que en el matrimonio hay momentos en que las circunstancias generan reacciones en ti que no conocías.

Así como las mamás al tener sus hijos desarrollan un instinto que nunca antes habían tenido y ciertas reacciones o conocimientos para cumplir su labor, la convivencia saca de nosotras formas de responder que no conocíamos. Lo mismo les pasa a ellos.

Recuerdo días en nuestros primeros años de matrimonio en los que a causa de la rabia que sentía agarré a golpes una pared o en los que zapateé el piso e hice pataleta a solas tan solo porque no sabía qué hacer con esa rabia que nunca antes había sentido.

¡No te sorprendas mucho de lo sincero que está siendo este libro! Estoy mostrándote lo que viví, aunque suene vergonzoso. Casada con Samuel, viví momentos que nunca antes había tenido y, además, no tenía herramientas para reaccionar. Gracias a Dios, ya no soy así, pero ese aprendizaje fue parte de mi historia. Lo comparto contigo para que sepas que hay esperanza; nuestro corazón de niña crece al casarnos. Pasar de hija a esposa también es un proceso.

Si el pasado te atormenta, déjalo ir

Génesis (nombre modificado) es una mujer preciosa, una amiga a quien realmente quiero y cuyo hogar terminó hace algunos años sin conocer que Dios podía restaurarlo.

Ella y su esposo estuvieron juntos desde muy jóvenes y aprendieron a ver la vida únicamente el uno al lado del otro.

Luego del divorcio, pasaron muchos años lamentando su separación y sintiéndose culpables por no haber podido sacar adelante su relación.

Constantemente, se veía a sí misma en todas las decisiones que había tomado, todas las cosas que pudo haber hecho y no hizo. Todo lo que habían construido y la cantidad de sueños que tenían y que ahora no iban a poder realizar, pues todo se había terminado.

Yo no apoyo ni creo que la solución para los matrimonios sea el divorcio. En el caso de ella era una realidad. Tenía que enfrentarse a que esa relación se había terminado y que era tiempo de avanzar. No conocían a Jesús, no tenían esperanza de creer que habrían podido luchar.

Cada vez que un hombre se le acercaba, se ponía a la defensiva. Con un aire de superioridad comenzaba a ver todos sus defectos y a encontrar la manera de descalificar a cuanto pretendiente tuviera al frente.

Con el tiempo, esta actitud fue creciendo. No solo lo hacía con los hombres que se le acercaban, sino que cada vez que veía a una pareja feliz o a una esposa con anegada, su lengua comenzaba a atacar criticando lo "ridículas" de las mujeres anticuadas y lo contrastaba hablando de lo plena que se sentía ahora que no le tenía que dar cuentas a nadie.

Una vez, en confianza, me abrió su corazón (y me permitió compartirlo) explicándome que no podía olvidar a su exesposo.

Había sufrido tanto que no quería volver a imaginarse en una cárcel similar a la que había vivido. Pero a la vez, lo "amaba" tanto que no imaginaba su vida junto a otro hombre y cada vez que lo intentaba, se sentía mal, culpable e incluso infiel.

Cuando me contaba lo que vivía, yo recordaba momentos en los que la escuché hablando con arrogancia a hombres que humildemente querían decirle un cumplido o ayudarle en algo.

Me dijo que cada vez que intentaba creer por una nueva relación, su mente comparaba constantemente lo que tenía con su relación anterior; sus pensamientos eran incesantes y no podía tener paz.

Ese día la entendí y oramos juntas. Más allá de juzgarla por sus actitudes, siempre pensaba que tras esa cortina de jueza de hierro había una mujer herida. Ese día comprendí que parte de nuestra misión como consejeros de parejas era poder ver el corazón de cada esposa y ayudarle a lograr el diseño de Dios en sus vidas, en donde no solo fueran felices en sus matrimonios, sino que realmente fueran llenas y plenas.

El Señor es tan bello. Él es un Dios de oportunidades. Él creó los días y las noches ¿No te da eso una idea de su naturaleza?

Si no existieran las noches, no veríamos contundentemente que hay un cambio en el tiempo, pero Él nos dejó tan claro a nuestro alrededor que siempre hay un nuevo comienzo.

Es tal esta realidad, solo piénsalo: ¿Por qué tenemos que dormir? ¿Por qué nuestro cuerpo tiene un reloj biológico que naturalmente nos hace cambiar de actividad para comenzar de nuevo cada día?

Dios nos recuerda que cada día son nuevas sus misericordias.

> *Por la misericordia de Jehová no hemos sido consumidos, porque nunca decayeron sus misericordias.*
> *Nuevas son cada mañana; grande es tu fidelidad.*
> —Lamentaciones 3:22-23, RVR1960

Por más que tratemos, no podemos volver al pasado y cambiarlo. Eso nos hizo libres de la culpa y la condenación para que podamos extendernos al futuro que tiene para nosotros.

> *Ahora pues, ninguna condenación hay para los que están en Cristo Jesús, los que no andan conforme á la carne, mas conforme al espíritu.*
> —Romanos 8:1, RVA

No estoy hablando con ello que tengas una relación tras otra cada día. ¡No! Estoy diciendo que si te sientes atada a una relación del pasado, es hora de entender que esas cadenas no vienen de parte de Dios, no te pertenecen. Decide hoy creer en una nueva historia para tu vida y vivir lo que Dios quiere para ti.

> *Hermanos, yo mismo no pretendo haberlo ya alcanzado; pero una cosa hago: olvidando ciertamente lo que queda atrás, y extendiéndome a lo que está delante, prosigo a la meta, al premio del supremo llamamiento de Dios en Cristo Jesús.*
> —Filipenses 3:13-14, RVR1960

No compares a tu esposo con una relación anterior; aun cuando en tu mente constantemente tengas recuerdos, decide crear nuevas historias en tu hogar.

Así mismo, si dentro del hogar hubo heridas en la década pasada, el año pasado, el mes pasado, incluso ayer... si no es algo que se repita como un hábito, concédele a tu esposo, la misma que Dios te ha dado cada día, para tener cada vez un nuevo comienzo.

Algo que me encanta es encontrar en mi esposo cosas que no conocía, hábitos, historias, lunares, gestos nuevos. Samuel no es el mismo hombre con el que me casé y verlo cada día en sus nuevos roles, en sus nuevas responsabilidades y verlo cambiar junto conmigo es algo que he aprendido a disfrutar.

El dolor y el amor son sentimientos fuertes que marcan nuestro corazón e, incluso, pueden modificar grandemente nuestra manera de pensar o el rumbo de nuestra vida.

No le permitas a las experiencias determinar tu futuro. Vive conforme a lo que Dios dice y que las experiencias que vivas ahora, reflejen el poder de Dios en ti.

Estoy viviendo esto de una manera sobrenatural en mi vida. Tras una infancia de violencia y dolor, aprendí a temer, a defenderme y a creer que tenía que agradar a todo el mundo hasta el cansancio. Sentía que era un camaleón, mudaba mi piel para mimetizarme y perderme en el ambiente.

Lo curioso es que esto también me pasó siendo comunicadora. Cuando alguien se me acercaba, no sabía cómo aceptar un cumplido. Me sentía nerviosa y ponía una barrera, usualmente el celular, o atacaba a preguntas a quien estaba frente a mí, pues no me sentía cómoda.

Aunque cristiana de años, en escenarios públicos e incluso en posición de liderazgo, tenía en mi mente de manera inconsciente a la niña aterrorizada que esperaba ser maltratada y rechazada en cualquier instante.

¿Qué pasó? ¿Cómo ha sido transformada mi mente? En los últimos capítulos, en "Primavera", te contaré cómo hoy mi vida y mi matrimonio han llegado a niveles de gozo que nunca creí que existieran.

Es tiempo de dar un paso. ¿Vives en el pasado? ¿Tienes dolor por algo que pasó? ¡Avanza!

Muchas de las cosas que las esposas jóvenes enfrentan a diario es la ruptura de la imagen que esperaban de sus esposos frente a lo que tienen.

Es como la princesa cuando besa al sapo pero al revés. En el beso del matrimonio el traje del príncipe azul se destiñe y deja entrever la cara de un ogro como esposo.

Hay algo que estoy segura de que no entenderás de momento: tu esposo será la persona que más moldee tu carácter; de alguna manera, es quien fue enviado por Dios para pulir aquellas cosas que necesitas pulir y crecer integralmente.

El hierro se aguza con el hierro; del mismo modo, las cosas que te molestan de él muchas veces reflejan áreas en ti que necesitan ser fortalecidas o restauradas. Todo lo que te estabilice o te desestabilice, aparte de Dios, refleja algo en ti que necesita ser transformado.

En vez de quejarte a diario por sus acciones, levántate a orar delante de Dios por ti misma y por el desarrollo de un carácter sano y firme. Pregúntale a Dios y pregúntate a ti misma: ¿por qué realmente tienes determinado conflicto con tu esposo?, ¿qué puedes hacer para cambiar la situación?

Deja de creer que el ogro en tu matrimonio es solo él. Tal vez, si te permites ver con otra perspectiva, te hayas convertido en la bruja del cuento a causa de tu egoísmo y estás destruyendo tu hogar.

¿Qué cara encuentra él cuando llega del trabajo?, ¿qué actitud tienes cuando cocinas o trabajas?, ¿realmente eres feliz sola?

Una esposa joven de la mano de Dios puede tener un matrimonio divino. ¡Podemos construir un pedazo de cielo en nuestra casa! Pero nada que valga en esta vida viene en modo automático.

Amiga, dile a tu actitud y a tu cara que tienes un Dios que te llena y te quiere ver feliz. ¡Sonríe! Es el primer paso para volver a convertir a tu ogro en el príncipe que Dios creó.

Capítulo 6

EL DÍA EN QUE MI AUTOESTIMA ESTABA POR EL PISO

ENTRE LA BELLA Y LA BESTIA, ME SIENTO LA BESTIA. ¡ME VEO HORRIBLE!

YO TAMBIÉN ME sentí fea.

A mis veinte años, pasé por un proceso de salud muy fuerte. Me diagnosticaron una enfermedad autoinmune y el tratamiento fue mucho más doloroso que los síntomas. La medicación que tomaba me transformó completamente.

Antes del proceso, pesaba sesenta y tres kilos aproximadamente, no era ni gorda ni flaca. Trabajaba en una gran empresa como analista de costos y, posteriormente, como asistente de gerencia. Debido a los cargos, el dinero y la responsabilidad me sentía algo así como Anne Hathaway en su personaje de Andy Sachs en *El diablo viste a la moda*.

Sin embargo, la hepatitis autoinmune tocó la puerta de mi casa y dejó atrás un noviazgo de años, mi cuerpo, la ropa a la moda y el dinero que la independencia económica había traído a mi vida.

Recuerdo verme al espejo en aquellos días con muchas tallas de más, llegué a ser talla catorce o dieciséis. La medicación produjo en mí algo llamado síndrome de Cushing y me salió una gran papada en el cuello. Tenía mi estómago distendido, las articulaciones y huesos doloridos, la piel extremadamente seca que se caía a pedazos y estrías por todo mi cuerpo, que me hacían ver como una cebra con rayas rojas y blancas desde los hombros hasta los tobillos. ¡No exagero!

Durante ese tiempo luché con mi autoestima. No reconocía la imagen del espejo, a esa gordita de ojos tristes que se reía y cuyo cuello se había perdido en medio de tanta inflamación.

Sin embargo, Dios fue Dios. Él me sanó y restauró, fue un proceso de cinco años. No fue necesario ningún trasplante ya que mi cuerpo fue respondiendo y, finalmente, me retiraron el medicamento.

Un miércoles, viajé a uno de los controles, (yo ya vivía en Miami pero mi especialista estaba en Colombia) y el hepatólogo nos dijo a mi mamá y a mí: "No entendemos que pasó con su hija. Al hacerle los exámenes parece que no hay nada. Hasta hoy le veremos en este hospital".

En la mitad del proceso, conocí a Samuel.

Cuando nos conocimos, mi cuerpo aún estaba inflamado. Él me decía que físicamente yo le encantaba, pero aún no me sentía lo "suficientemente bella".

En la película de *La bella y la bestia*, yo me sentía la bestia.

Sentía que por no tener las curvas esperadas de esas mujeres de internet, o el cabello de kilómetros de algunas de sus amigas, o la piel de algunas de las mujeres de la iglesia, en cualquier momento me dejaría y se iría con alguna que fuera más atractiva a sus ojos.

Pero él no pensaba así, en ese momento estaba enamorado y le gustaba por completo.

Sin embargo, años después, antes de casarnos, tuvimos un noviazgo a distancia en el que tomamos la decisión de no vernos en videollamada, tampoco ninguno pudo viajar.

¿Por qué lo hicimos? Porque en la relación a distancia fácilmente comenzábamos a perder la vida a través del celular o el computador y teníamos que continuar en los lugares en los que estábamos en ese momento. No era muy seguro de que fuéramos a seguir tras aplazar los sueños un año, y lo que menos queríamos era estar peleando todos los días o perder el tiempo que podíamos compartir con nuestra familia.

Viajé nuevamente a Estados Unidos para volvernos a encontrar. Ya había perdido varias tallas, la piel se me había restaurado bastante y, en general, me sentía mucho más cómoda con mi figura, pero él me desconoció por completo.

Continuamos con nuestros planes, pero aun así, Samuel se casó con una mujer que no reconoció.

No fue hasta años después, en un aniversario, que me confesó esto. ¡Yo no le gustaba a mi esposo! La mujer que había conocido, había pasado por un severo proceso de transformación y no era quien él recordaba. Fue un choque muy duro para ambos entenderlo.

Te preguntarás entonces, ¿qué pasó?

Ambos tuvimos una batalla con Dios en nuestras mentes.

La de él fue entender que su amor debía ser puesto en algo más que en mi físico, pues mi cuerpo tarde o temprano seguiría cambiando y sus ojos debían ver más allá. ¡Ojo! Esto no se lo dije yo. Fue Dios quien se encargó de esto, pues como veremos más adelante, sin Él de por medio no hay nada que hacer. Las esposas no somos el Espíritu Santo, ni su conciencia, ni su mamá para poder redargüirlos y hacerlos cambiar. Ya ahora le gusto como soy, flaquita o no, soy su tipo.

Y la mía fue aprender a amarme por encima de la opinión de mi esposo, reconocer mi identidad y saber que Dios estaba construyéndonos.

Mientras vivíamos el proceso, sentía constantemente que no llenaba aquello que mi esposo necesitaba. Me sentía insegura, creía que en cualquier momento se iba a acabar mi hogar o que iba a hacer algo que lo destruyera.

Mi autoestima no solo estaba frágil por mis cambios físicos, sino también por mi historia familiar y por tanta basura que había en mi mente.

Con el tiempo, he entendido que todo el proceso que hemos vivido como matrimonio fue solo el reflejo de muchas cosas que estaban pasando en mi corazón.

De la misma manera, como los hijos reflejan el estado emocional de sus padres, los conflictos en los matrimonios hablan mucho de la situación interna de los cónyuges.

El problema que estábamos enfrentando no se trataba únicamente de lo que Samuel pensara de mí, sino de lo que yo misma creía que era.

Recuerdo que en las primeras mentorías que recibimos, los pastores de matrimonios siempre me miraban a mí y me hablaban más de lo que le decían a él.

Con lo que sentía que estaba viviendo, esperaba que le hablaran a él, que lo cambiaran por completo, pero no era así. Siempre se enfocaban en decirme lo que yo debía modificar o cambiar. Pensaba que era injusto, pero no, estaba equivocada. Era Dios hablándome y haciéndome ver que si no podía sanar el concepto que tenía de mí misma, no iba a poder sanarse mi hogar.

Un día, el pastor agarró un espejo y me dijo: "Mírate y repite conmigo: 'Dios no hace basura'".

Yo asustada traté de decirlo, pero las palabras no me salían.

"Repite, viéndote a los ojos: '¡Dios no hace basura!'", me insistía.

Tras un par de intentos, logré decirlo y estallé en llanto.

Esas palabras me parecían tan fuertes. Por supuesto que Dios no hacía basura, por supuesto que yo no era basura, pero con todo lo que estaba viviendo me sentía como tal. Había una diferencia entre lo que Dios decía y cómo yo me veía. El problema no era lo que Dios había hecho, era el trato que yo, sin darme cuenta, me estaba dando.

En nuestro hogar, mi autoestima era una puerta abierta al enemigo todo el tiempo.

Aunque mi esposo me dijera que me amaba, estaba segura de que no era así.

El físico es importante, más que por estética, por salud. Si tienes problemas de peso y no te sientes bien, ve al médico, haz dieta, inscríbete en un gimnasio y asiste regularmente. Lo importante es entender, aunque suene a cliché, que no eres un cuerpo solamente. Cuídate pero no confundas el ser con lo que ves o con lo que sientes.

En mi proceso, comencé a dedicar tiempo y cuidados a mi físico. Si bien necesitaba reafirmar mi confianza en Dios, también era importante poder hacer lo que estuviera en mis manos para sentirme y verme mejor.

Algo importante que quiero comentar aquí y que sé que muchos esposos me lo agradecerán es que aunque nuestro interior es importante y valioso, nuestro exterior también lo es.

Por más lindas que seamos, muchas de nosotras nos descuidamos al estar en casa, nos dedicamos a las tareas del hogar y cuando llega nuestro esposo, se encuentra con una mujer en ropa de hacer aseo o en pijamas, una moña alta, oliendo a comida y descuidada.

Si esto te ha pasado, trata de no hacerlo. Los hombres son visuales y está en nosotros enamorarlos cada día y que nos vean atractivas. Sí, es nuestra responsabilidad estar agradables a sus ojos, vestirnos como le gusta vernos y tener una sonrisa en nuestros labios al recibirlo. No creas que es machismo. Sé astuta, el día en que una mujer trate de seducir a tu marido, no se le va a presentar con un atuendo horrible y aliento de león.

Nosotras, como mujeres cristianas, tenemos la confianza en Dios y no actuamos por temor, sino que nuestros ojos están puestos en Jesús, pero no debemos ser tontas. Nuestra apariencia limpia y cuidada es parte de nuestro rol de esposa.

No veas de menos esta necesidad de tu marido e incluso de ti misma. Cuídate, dedícate tiempo, péinate, ponte mascarillas naturales, come sanamente.

Esto no tiene que ser una decisión costosa necesariamente. Voy a compartirte al final de este capítulo un par de *tips* que he implementado y que son muy buenos. Van a ayudarte interna y externamente, ya verás.

BELLEZA Y HERMOSURA

La belleza no es solo estética, es salud y autoreconocimiento. Ya habiendo pasado por el tema del arreglo natural, quiero animarte a que hagas todo de tu parte para ser la mejor versión de ti misma.

Bíblicamente hablando, existen dos palabras diferentes para hablar de belleza: una que para el caso la llamaremos #belleza y tiene referencia en la Biblia como la estética de las mujeres que puede hacer "caer" o seducir físicamente a un hombre. Esta palabra aparece para hacer referencia a mujeres que manipulando hicieron perder la mente y la vida a diferentes hombres.

Tiempo después, Sansón se enamoró de una mujer llamada Dalila, que vivía en el valle de Sorec. Los gobernantes de los filisteos fueron a verla y le dijeron: "Seduce a Sansón para que te diga qué lo hace tan fuerte, y cómo es posible dominarlo y atarlo sin que se suelte. Luego, cada uno de nosotros te dará mil cien piezas de plata".

—JUECES 16:4-5

Descubrí que una mujer seductora es una trampa más amarga que la muerte. Su pasión es una red, y sus manos suaves son cadenas. Los que agradan a Dios escaparán de ella, pero los pecadores caerán en su trampa.

—ECLESIASTÉS 7:26

Pero el rey Salomón, además de la hija de Faraón, amó a muchas mujeres extranjeras, moabitas, amonitas, edomitas, sidonias e hititas, de las naciones acerca de las cuales el SEÑOR había dicho a los hijos de Israel: No os uniréis a ellas, ni ellas se unirán a vosotros, porque ciertamente desviarán vuestro corazón tras sus dioses. Pero Salomón se apegó a ellas con amor. Y tuvo setecientas mujeres que eran princesas y trescientas concubinas, y sus mujeres desviaron su corazón.

—1 REYES 11:1-6, LBLA

La segunda, que llamaremos #hermosura para diferenciarla de la otra, habla de una belleza especial en las mujeres que conocían de Dios.

La Biblia hace referencia de ella cuando habla de la vida de mujeres como Sara, quien fue deseada, siendo una anciana, por el faraón de Egipto y por Abimelec, el rey de Gerar.

Efectivamente, cuando Abram llegó a Egipto, todos notaron la belleza de Sarai. Cuando los funcionarios del palacio la vieron, hablaron maravillas de ella al faraón, su rey, y llevaron a Sarai al palacio. Entonces el faraón le dio a Abram muchos regalos a causa de ella: ovejas, cabras, ganado, asnos y asnas, siervos y siervas, y camellos.

—GÉNESIS 12:14-16

Otro ejemplo, Ester, cuya belleza sobresalía del harén del rey Jerjes e hizo que con pocos atavíos, menos es más, lograra agradar a aquel que podía tener la mujer que quisiera.

Y el rey amó a Ester más que a todas las demás jóvenes. Estaba tan encantado con ella que le puso la corona real sobre la cabeza y la declaró reina en lugar de Vasti.

—ESTER 2:17

Incluso, la belleza encontrada en María, cuya gracia sobresalía sobre todas las mujeres.

—No tengas miedo, María —le dijo el ángel—, ¡porque has hallado el favor de Dios! Concebirás y darás a luz un hijo, y le pondrás por nombre Jesús. Él será muy grande y lo llamarán Hijo del Altísimo. El Señor Dios le dará el trono de su antepasado David. Y reinará sobre Israel para siempre; ¡su reino no tendrá fin!

—LUCAS 1:30

Una de las curiosidades de estas mujeres es que, según algunos escritos antiguos, su belleza era más que solo una cara bonita.

Alguna vez escuché sobre algunos relatos judíos que decían que Sarai (Sara, esposa de Abraham) había sido escondida en un baúl para ocultar su belleza. En medio de una inspección, diferentes oficiales lo abrieron encontrando un gran resplandor que emanaba, era una belleza que trascendía su figura.

En el caso de Ester, relatos antiguos cuentan que no era la más agraciada de la época; de hecho, se dice que su piel tendía a ser pálida en comparación con la de las demás mujeres.

Incluso, cuando se presentó delante del rey, todas las concubinas llegaban a él con grandes vestidos, joyas costosas, maquillaje... Si fuera hoy en día, irían con siliconas, prótesis, lipoescultura, pelucas, pestañas postizas, lentes de contacto... y Ester fue únicamente con un sencillo collar. El atavío de su corazón brilló en su exterior.

Con todo esto llegó a ser la reina y salvó al pueblo judío de la extinción por medio de su influencia.

¿Algo en común? La hermosura tiene un componente físico, es verdad, pero principalmente proviene de un corazón entregado a Dios. Es un gran resplandor que proviene de un espíritu tierno y sereno delante de Él.

> En cambio, vístanse con la belleza interior, la que no se desvanece, la belleza de un espíritu tierno y sereno, que es tan precioso a los ojos de Dios. Así es como lucían hermosas las santas mujeres de la antigüedad. Ellas ponían su confianza en Dios y aceptaban la autoridad de sus maridos.
>
> —1 PEDRO 3:4-5

Cuenta la Biblia que cuando Moisés estuvo delante de la presencia de Dios, bajó del monte y la gente temía verlo ya que su rostro reflejaba una gran luz. ¿Te suena conocido? Era el resplandor de la gloria de Dios, aquel que adquirimos al vernos en el espejo de Dios. ¿Quién? Jesús.

> Cuando Moisés descendió del monte Sinaí con las dos tablas de piedra grabadas con las condiciones del

pacto, no se daba cuenta de que su rostro resplandecía porque había hablado con el SEÑOR.

—ÉXODO 34:29

Porque ahora vemos por un espejo, veladamente, pero entonces veremos cara a cara; ahora conozco en parte, pero entonces conoceré plenamente, como he sido conocido.

—1 CORINTIOS 13:12, LBLA

Si has tenido problemas de autoestima, seguramente te has encontrado diciendo: "Está bien todo el tema de la belleza interna, pero quiero que mi físico mejore, quiero sentirme bella".

Eso me recuerda a una novela muy conocida en la que la mujer más fea pasaba a ganarse el corazón del galán y, mientras aprendía a amarse a sí misma, pasó de ser un patito feo a un imponente y reluciente cisne.

También me recuerda a una conversación que tuve con una modelo y actriz colombiana. Mientras nos arreglábamos antes de estar frente a las cámaras, me explicó que la belleza en las mujeres tenía el mismo principio de la fe, muchas veces no era algo que físicamente pudiera verse, pero que si la mujer lo creía, se hacía una realidad.

RECONOCE TU DISEÑO, RECONOCE A TU DISEÑADOR

Querida esposa joven, cuida tu estética, pero entiende que tu hermosura proviene de un lugar más profundo que el físico. La mujer que teme al Señor será alabada.

Engañosa es la gracia y vana la belleza, pero la mujer que teme al SEÑOR, ésa será alabada.

—PROVERBIOS 31:30, LBLA

Existe un espejo más certero que el del baño en el que te miras antes de salir a la calle; es un espejo interno y, por cierto, refleja una imagen que todos, incluso sin conocerte, podremos ver.

Muchas veces, quise tener el diseño o el llamado de otro, la cintura de esta, el pelo de la otra, la capacidad creativa de aquel, etc.

Incluso, debo confesar, creo que muchas veces los demás han podido leer en mí más virtudes y talentos de los que yo misma reconozco.

Pero al tener que encerrarme y conocer a Dios en lo más profundo, he aprendido a ver el diseño de Dios en mi vida y me sorprende.

He podido hacer y llegar a lugares inimaginables, solo siguiendo lo que Dios me dice y caminando un paso a la vez.

Si hoy es un día en el que tu autoestima no está en el nivel que quieres, no te afanes. No pongas tu mirada en lo que ves, ponla en lo que Dios ya dijo e hizo en ti. Pon tus oídos en sus palabras, en lo que Él hizo en la cruz del calvario para darte vida.

> *La fe es la confianza de que en verdad sucederá lo que esperamos; es lo que nos da la certeza de las cosas que no podemos ver.*
> —Hebreos 11:1

Fuiste creada a imagen y semejanza de Dios, algo en ti es un reflejo de su persona: ¿tus ojos?, ¿tus manos?, ¿tu bondad?

Él entretejió tu cuerpo, hizo cada pequeña parte de ti con un propósito. El rey David lo entendió y escribió al respecto:

> *Tú creaste las delicadas partes internas de mi cuerpo y me entretejiste en el vientre de mi madre.*
> —Salmos 139:13

Tu diseño, te suene lógico o no, fue creado con amor por parte del Creador. Busca en Él el propósito y la dimensión de tu hermosura.

Antes de continuar, quiero contarte que mi papá, Oswal, el esposo de mi mamá, quien cuidó de mi hermanita y de mí luego de lo que vivimos con mi padre biológico, me dijo una vez algo que difícilmente podría olvidar.

Estaba triste comiendo, la ropa no me cabía debido a la inflamación, tenía la piel llena de erupciones y él sabía que no me sentía contenta con mi físico. Me dijo (con sus palabras santandereanas): "No se ponga triste mami, nosotros los hombres no solo nos fijamos en el físico, aunque parezca. ¿Ha visto a la presentadora del noticiero del mediodía? No es bonita, mírela bien. Es gordita y hasta *carifeíta*, pero una cosa que nos gusta de ella a muchos hombres es su seguridad. Mire como habla, mire como se sienta... Eso transmite más belleza que solo una cara bonita. Muchos hombres podrán estar babeando detrás de ella aunque no sea una reina de la belleza. Anímese, usted es bonita. No todos los hombres buscarán lo mismo en quien amen y el que la elija a usted, va a saber que es la mujer más hermosa para él. No se ponga triste mami, ya va a ver que tengo la razón. Mire mis canas (y mi calvicie). Soy hombre y no voy a mentirle para hacerla sentir bien".

Ahora que escribo sobre ese momento, puedo sonreír. Mi papá Oswal tenía razón. Hay cosas más importantes que la típica belleza física, y de eso les quiero hablar.

Un engaño del infierno: el estándar

Una de las heridas más grandes en el corazón de la mujer joven es creerse las mentiras de que su físico es medido por un estándar y no es así. Cada mujer es única, sus medidas son únicas, sus capacidades únicas. No tenemos un pelo igual al otro, mucho menos hay una mujer igual a otra.

Los estándares de belleza actuales fueron creados para que la mujer tenga expectativas enfermizas de lo atractivo. Tan solo piénsalo: ¿Cuántas mujeres no se operaron los senos y la cola en la época en la que las mujeres con grandes medidas eran el ideal?

¿Viste el incremento de las enfermedades como la anorexia y la bulimia hace unos ocho años? En ese tiempo, la tendencia era la delgadez absoluta. En las pasarelas, en las series de televisión las curvas fueron reemplazadas por huesos marcados y palidez extrema. ¿Cuántas jóvenes fueron presas por este estándar?

Luego, con las redes sociales, la presión se incrementó.

Es tanta nuestra necesidad de aceptación, que las redes sociales están plagadas de perfiles que muestran todo y afirman que ese es el concepto de "belleza" que debemos tener.

Las mujeres conocimos los filtros para *selfies*, las aplicaciones que limpian la cara, agrandan los ojos, hacen marcar más cintura y blanquean los dientes.

¿Quién es feliz con ello? ¿Quién se siente conforme consigo misma?

No solo es tu interior, es la cantidad de cosas que gritan a tu alrededor que debes encajar en una caja que no tiene que ser tu medida.

Ahora bien, no te sientas mal. Si sientes que tu amor propio es pequeño o si no es suficiente, quiero decirte algo:

Yo no creo que ni siquiera Kim Kardashian se exonere de haberse sentido inconforme con ella misma. Todas en algún momento nos hemos sentido inseguras.

Con la cultura actual, muchas hemos confundido "sexualización" con belleza. Creemos que si no tenemos a los hombres detrás de nosotras diciéndonos lo bellas que nos vemos, entonces no somos suficientes. ¿En serio? ¿Está en las manos de tu esposo o de cualquier otra persona determinar cuán bella eres? ¡No!

Para con esa demanda de tu corazón de confirmar afuera lo que Dios ya te ha susurrado en tu interior.

De ahí, el corazón herido de muchas que buscan la admiración exagerada de su esposo, de los hombres que les rodean o en la pantalla del celular.

Voy a confesarte algo que he implementado hace algún tiempo, que me ha servido increíblemente y he recomendado a varias amigas. Busca un cepillo para la piel y cepíllate en seco. Yo procuro hacerlo dos veces al día. Me cepillo con fuerza las piernas, los brazos, los hombros y, mientras lo hago, trato de tener en mente que cada parte de mi cuerpo forma parte del diseño de Dios.

Sé que suena algo extravagante, pero cuando lo hago, repito audiblemente palabras de sanidad sobre mi cuerpo, palabras de bendición; incluso les doy besos a mis rodillas o manos, entendiendo que soy un regalo de Dios.

Tendrías que haber visto la cara de mi esposo cuando comencé. En un principio le parecía algo pintoresco, pero con el paso de los días, él sonreía y entendía que era una afirmación de lo que Dios había hecho en mi vida.

¿Los resultados? Una piel hermosa. Esto ayuda a desintoxicar tu organismo, suavizar la piel y reducir la celulitis. Pero a su vez, fortalece a una mujer segura, no solo en su físico, sino en sus emociones, ya que la convence de que es el reflejo de un pensamiento de Dios.

Recuerdo leer hace unos meses que los hombres debían cuidarse de no dejar de elogiar a su esposa, para que no venga uno de la calle y haga lo que él no ha hecho. No sé qué pienses al respecto, pero ¡yo me opongo!

No porque no me guste que mi esposo me diga cosas bonitas o porque no lo haga, sino porque prefiero que mi identidad esté tan fuerte en Jesús que si él me lo dice o no, mi corazón no se resienta.

Prefiero que sus halagos sean la cereza del pastel, no el plato fuerte de mi identidad. ¿Y tú?

MI DIARIO

1. ¿Qué concepto tengo de mi físico?

2. ¿Qué aspectos de mi manera de ser me gustan?

3. ¿Qué cosas de mí me gustarían cambiar?

4. ¿Qué me ha dicho Dios de mi diseño?

Capítulo 7

EL DÍA EN QUE RECONOCÍ A LA VENENOSA

"Esta casa que me tocó", "Este marido que no me ama", "Esta enfermedad que estoy sufriendo", "Esa boba que vive al lado", "Este castigo que cargo encima", "Soy una bruta", "Todo está caro", "No me alcanza para nada", "Esta vida es un asco", "¿Quién se cree ella?", "Todo me sale mal", "Estoy bien para no preocuparlo"...

Si has dicho en voz alta alguna de las frases anteriores en tu cotidianidad, tienes #LaVenenosa. Y, esta venenosa, es uno de los asesinos más letales del hogar, de nuestra vida y de la masculinidad o el éxito de nuestros esposos.

La venenosa es esa actitud de nuestra lengua para hablar lo primero que pasa por nuestra mente que no edifica, no construye y, por el contrario, destila veneno a nuestro alrededor.

Quiero que veas esa lengua que tienes en tu boca, que la sientas y que puedas percibir en ella la capacidad de dirigir tu vida a un destino específico a partir de lo que sale de ella. Nuestra lengua es un timón y, por ende, dirige el curso de nuestra vida:

> También un pequeño timón hace que un enorme barco gire adonde desee el capitán, por fuertes que sean los vientos. De la misma manera, la lengua es algo pequeño que pronuncia grandes discursos.
>
> Así también una sola chispa puede incendiar todo un bosque.
>
> —SANTIAGO 3:4-5

Cuando empecé a trabajar como mentora para personas que enfrentaban retos con su salud, lo primero que aprendí fue que nuestras palabras crean realidades; por eso, enseño a no decir: "Estoy enferma" o "Padezco tal cosa". En cambio, debemos decir: "El diagnóstico dice" o "Los médicos dicen". Entendiendo y siendo consciente de que mi médico de cabecera, Jesús, nos pone el título de sanidad desde antes de nuestro nacimiento.

Si vieras la cantidad de milagros y sanidades que operan en el momento en que sincronizas tu vocabulario con el léxico y el lenguaje del cielo, empezarías a temer por cada palabra que digas a la ligera.

¿Tu boca destila veneno o agua de vida?

No sé si tu boca se abre para esparcir veneno o agua de vida, pero sé que quienes están a tu alrededor beben de esa fuente; y también el ambiente a tu alrededor se alimenta a partir de tus declaraciones.

Como mujeres somos comunicadoras por naturaleza. Parte de nuestro cableado interno tiene que ver con la capacidad de hablar, multiplicar y edificar.

La naturaleza creadora de Dios está en nosotros, por eso Él nos enseña en Génesis 1 cómo crear realidades a partir de las palabras.

¿Nunca te has preguntado por qué en el relato de la creación se detalla paso a paso cada innovación?

No sé si has leído bien el texto, pero estoy segura de que si Dios siendo Dios, omnipotente y poderoso, quería crearlo todo de la nada, podría solo haberlo pensado y ser hecho de inmediato. O también creo que la Biblia pudo haber resumido esos días de la creación y sencillamente decir: "Y de la nada Dios creó todo". Sin embargo, no es así.

La Biblia detalla cada parte de la creación y habla de que la materia cobró forma a partir de órdenes expresas HABLADAS:

Entonces Dios dijo: "Que haya luz"; y hubo luz.
—Génesis 1:3

En el Evangelio de Juan, hay algunas referencias acerca de la importancia de la palabra:

> *La Palabra le dio vida a todo lo creado, y su vida trajo luz a todos.*
>
> —JUAN 1:4

Y también hay varias partes en donde nos enseña que nosotros, sí, tú y yo, podemos hacer lo mismo.

> *Les digo la verdad, ustedes pueden decir a esta montaña: "Levántate y échate al mar", y sucederá; pero deben creer de verdad que ocurrirá y no tener ninguna duda en el corazón.*
>
> —MARCOS 11:23

Si unimos lo anterior, podemos caer en la cuenta de que nuestra boca tiene un poder mucho más grande del que imaginamos. De hecho, la vida y la muerte están en lo que hablamos y, por lo que yo misma he vivido, esto no es una metáfora, es una realidad.

> *La lengua puede traer vida o muerte; los que hablan mucho cosecharán las consecuencias.*
>
> —PROVERBIOS 18:21

Algo que me gusta hacer y que hemos ido aprendiendo con mi esposo es aprender lo que Dios dice acerca de algo y reemplazar nuestras opiniones por lo que está escrito en la Biblia.

Hace unos meses, uno de los retos más grandes que económicamente hemos asumido con Samuel fue un experimento del poder de la Palabra de Dios hablada.

Llevábamos unas semanas practicando declarar palabra de vida sobre nuestras finanzas y todo lo relacionado a este tema, así que constantemente repetíamos algunas de nuestras frases de confianza en Dios como lo son:

"Somos bendecidos para bendecir a los que tienen y a los que no tienen".

"Y en Jesús somos, nos movemos y estamos. Hay un almacén grande de poder para nosotros, en Cristo Jesús y Señor nuestro tenemos la capacidad, las energías, la sabiduría, los recursos para hacer tareas imposibles".[1]

Cuando decidimos lanzarnos y dar el paso, era sobrenatural la manera en que la buena administración financiera se unió al poder de Dios para que diéramos ese paso de fe que en nuestra mente sonaba imposible.

A pesar de estar ajustados por lo que estábamos asumiendo, teníamos para dar a quienes nos rodeaban y necesitaban. También pudimos ver cómo de la nada salían trabajos cortos que nos traían la remuneración exacta que necesitábamos.

La Palabra de Dios es real, su Palabra hablada hace caminos y trae sobrenaturalidad a tu vida.

ESPOSA, TIENES AL ESPOSO QUE HAS CONSTRUIDO

Tú has construido junto con Dios la relación y el hombre que te acompaña. ¿Cómo? Con tus palabras, gestos y el respeto que tienes por él.

A veces, cuando veía dificultades en mi esposo, y sobre todo en esos primeros años que fueron tan difíciles, sentía profundamente en mi corazón que una de las razones principales por la cual Dios me había puesto como su esposa era para orar y declarar con fe sobre su vida.

En algunas ocasiones, me da tristeza saber que no lo hago con la misma intensidad como antes. Hemos compaginado bastante, pero aún hay muchas cosas por las cuales puedo seguir orando y creyendo para su vida que no necesariamente tienen que ver conmigo.

Como esposas jóvenes y, sobre todo, como niñas de casa que acabaron de salir del abrigo de sus padres o quienes hemos sido influenciadas por tantas *chick flicks* o películas de Disney, tenemos el falso espejismo que todo gira alrededor de nosotras.

Vemos artículos en blogs para mujeres que dicen: "¿Me completa?", "¿Es mi media naranja?", "Diez *tips* para saber si es el indicado", "¿Cómo saber si verdaderamente me ama?".

¿Han visto que todas esas publicaciones y opiniones giran alrededor de lo que la mujer necesita para llenar un vacío o para ser feliz, y no en la plenitud de Dios sobre sus vidas o en la capacidad de dar vida?

No digo que no sea importante ver qué me aporta la otra persona, pero esto debe hacerse sobre la base: soy plena en Dios. Así tu decisión será mucho más equilibrada y sensata. Ya casada, la pregunta es: ¿Seré la ayuda que él necesita?

Esposa, asume con responsabilidad el reto de construir positivamente a tu esposo. Ora y declara por sus finanzas, por su corazón, por su estabilidad, por los retos que enfrenta con su jefe, por sus sueños, por sus necesidades espirituales, por sus temores, por sus fracasos, por sus traumas, por sus alegrías.

Puedes ser más que solo su compañera de cuarto, puedes ser su ayuda idónea. ¿Aceptas el reto?

CACHORRO AGONIZANTE O LEÓN RUGIENTE. ¿QUÉ EFECTO PRODUCEN TUS PALABRAS EN TU ESPOSO?

Lala, quiero contarte que he hecho lo que me dijiste que hiciera. He mordido #LaVenenosa y en vez de hablar y decirle a mi esposo todo lo que se me ocurre decirle, he estado hablándole sobre sus sueños de joven.

Llevamos veinte años de casados, tenemos hijos adolescentes y no pensé que el brillo en sus ojos pudiera volver a verse.

Pero sí, ahora mi esposo sale como un león cada vez que le digo que sí puede cumplir sus sueños, cada vez que le digo que lo amo, que lo respeto o que lo admiro.

Me sorprende mucho su cambio y he entendido que mis palabras le habían hecho daño durante varios años, pero ahora que he visto cómo ha mejorado todo,

quiero decirle todo el tiempo cosas buenas. Lo veo
feliz y eso me hace feliz.
 Gracias por tus consejos, no pares de hablarnos,
hemos aprendido mucho de ti.

—Juliana

Yo creo tanto en Dios y creo que Él no hizo nada al azar cuando nos creó.

Recuerdo a Humberto, un amigo que me dio una enseñanza simple y hermosa para poder entender de una forma más profunda la manera de obrar de Dios.

Él es físico y matemático. En una tarde en las calles de Bogotá, me contó sobre la teoría de las cuerdas. Una teoría que simplificándola mucho dice que todo lo que vemos se encuentra en tres dimensiones físicas (ancho, alto y profundo) y una temporal (tiempo).

La vida del ser humano, según esta teoría, se explicaría como un ser que se mueve con dimensiones físicas en una dimensión temporal.

Una manera #RománticoCientífica de explicar la presencia de Dios en esta teoría, deduce que por encima de las cuatro dimensiones que percibimos directamente, hay entre siete y dieciséis o incluso veinticinco dimensiones más. (Ver teoría de las cuerdas).

Bajo este postulado se realizan comentarios que afirman que Dios no está dentro de esas dimensiones sino fuera y forma parte de ellas. Por eso, puede ser omnipresente, omnisciente y atemporal.

Sin embargo, algo que me gusta mucho de esta teoría en unión con la mecánica cuántica clásica es cuando habla de uno de los componentes mínimos del átomo y, por lo tanto, de la materia: el electrón. La misma habla de su comportamiento como partícula y al mismo tiempo como onda, es decir, que esa parte mínima de lo creado se comporta como "objeto" pero al mismo tiempo como un tipo de "sonido".

Para explicártelo de una manera más fácil y que no te enredes con la matemática y las palabras raras, esta teoría establece que todo lo que vemos, en su esencia mínima son ondas moviéndose al compás de las cuerdas grandes.

Creo que si hay una teoría científica que pudiera hablar de lo que Dios hizo en la creación es esta. En donde todo lo creado fue hecho a partir del sonido de la voz de Dios, ese sonido que aún sigue moviéndose, creando, vibrando y dando vida al universo entero.

En palabras de mi amigo Miguel, como si Dios tocara una guitarra y cuyo sonido fuera la esencia de nuestra existencia.

Bajo esta teoría y también bajo algunas relacionadas con las ondas sonoras, no hay sonido que se extinga totalmente. Las ondas siguen moviéndose a lo largo de todo lo existente, como una eterna canción.

Trayendo esto a tu hogar, ¿cuántas de tus palabras han construido una canción de amor para tu esposo? ¿Cuántas han hecho una canción de destrucción?

¿Qué han construido tus frases en tu marido? ¿Un león rugiente y esplendoroso o un cachorrito agonizante en búsqueda de alimento y afirmación en otra boca que no es la tuya?

¡Lala, qué palabras tan duras me dices! Sí, necesito que reacciones. Dile a tu esposo palabras de afirmación, deja de destruir con tu inconformidad el diseño que Dios hizo en él.

Las palabras no pueden borrarse por sí solas. El único borrador eterno para las palabras de destrucción que tus labios han declarado es la sangre de Jesús y tu arrepentimiento.

Lala, ¿qué hago cuando es la venenosa de mi esposo la que me ataca constantemente?

La venenosa de mi esposo me ahoga. ¿Qué hago?

Hay un libro de John Eldredge y Stasi Eldredge: *Cautivante*, que habla de que todas las mujeres tenemos una pregunta que necesita ser respondida durante toda nuestra vida: ¿Somos hermosas?

Creo que lo que John y Stasi dicen es cierto. Es más, por diseño, creo que Dios depositó en nosotras esa necesidad de afirmación que debe ser suplida desde la cruz y que debería repercutir en quienes nos rodean.

Cuando nuestro esposo no suple esto, tenemos una sensación de "flor marchita". Es como si no tuviéramos vida en nuestro #tanqueDelAmor.

Sin embargo, esto no es excusa para no llenarnos del poder y la afirmación de Dios en nuestro corazón, incluso para afirmarnos nosotras mismas en esas palabras del Señor.

Eres muy amada, eres más que vencedora, eres valiosa, eres más que esposa y madre, eres la niña de los ojos de Dios, eres su hija.

Y ya que empezamos con estas preguntas, quiero contarte que no es extraño que te sientas así. Muchas mujeres lo han vivido y a continuación comenzaremos a revelar estas historias. ¡Ven conmigo! Adentrémonos en algunos de los capítulos más difíciles de la vida de muchas esposas.

MI DIARIO

1. ¿Qué palabras digo constantemente sobre mi esposo?

2. ¿Qué percepción doy a los demás con lo que hablo de mi marido?

3. ¿Qué visión tiene Dios para mi esposo?

4. ¿Qué puedo decir para contribuir a lo que Dios busca que mi esposo viva?

5. ¿Qué palabras contaminantes he dicho sobre mí misma?

6. ¿Qué palabras de vida decido decirme hoy?

Capítulo 8

EL DÍA EN QUE ME SENTÍ INSATISFECHA Y VACÍA

UNA JOVEN MUY bella, con un largo cabello negro y ojos oscuros, hacía sus labores diarias, cuidaba de su casa, se arreglaba con sus mejores ropas, maquillaba su rostro y salía a trabajar.

Andaba por diferentes lugares sin sentirse completamente llena. Vivía con un hombre que la trataba bien, aparentemente la amaba o, bueno, eso decía porque la verdad es que no se lo demostraba como ella esperaba; de hecho, para ser franca con ella misma, no se sentía amada.

Constantemente, tenía la sensación hueca de que algo le estaba faltando, era como si hubiera olvidado su maleta en algún lado y allí tuviera las ganas de vivir. Pasaba uno y otro día esperando a que llegara el fin de semana, para que luego comenzara todo otra vez.

Ese hombre con el que vivía era guapo, trabajador y algo social para su gusto. A veces, lo encontraba con los ojos bailando detrás de una morena de grandes curvas. Lo miraba y no parecía parte de su vida y, a pesar de llevar un par de años juntos, sentía que algo le faltaba a él para ser lo que siempre había esperado. Lo mismo había pensado con sus múltiples amantes y relaciones anteriores.

Había tenido cinco relaciones importantes en su vida. Con todos vivió buen tiempo y siempre era la misma historia: comenzaban felices, se unían llenos del fuego del amor y la pasión, se casaba o se iba a vivir con él esperando que con ello pudiera partir su historia en dos. Luego, empezaban a presentarse los problemas, las cosas ya no eran tan emocionantes como al principio, ambos perdían interés, se enredaban en la rutina y tarde o temprano al irse el amor, terminaban buscando distintos destinos, hasta volver a empezar.

Cambiaba de hombre, cambiaba de defecto... pero todo volvía a ser igual, nada la llenaba.

¿Acaso no hay un hombre de verdad que la sepa amar? ¿Por qué todos la engañaban? Se preguntaba esta mujer de ojos profundos, mientras se preparaba para salir a la calle. Mejor le era vivir como ahora: no ilusionarse, estar juntos... pero sin deberes ni reclamos... una relación abierta. No la llenaba, es verdad, pero tampoco se llenaba de amargura con el "tire y afloje" de una relación convencional. Sin embargo, ese día, sin esperarlo... conoció a su último y gran amor.

Se cruzaron en medio de sus labores diarias. Ella iba a buscar hidratación para su oficina y su casa.

Ese hombre, en menos de media hora, hizo lo que ninguno había hecho. Nunca tocó su cuerpo, más al hablar con ella, parecía conocer todo su corazón.

De hecho, al hablarle, sentía internamente que temblaba... no eran palabras halagadoras ni huecas. Perderse en los ojos de aquel hombre era encontrarse en la mirada de la eternidad.

No la llenó con palabras románticas como los otros, incluso, conociendo toda su historia, hasta sus intenciones y defectos más profundos, con breves frases le hizo caer en la cuenta del vacío que siempre había tenido.

Apenas lo vio sintió que la conocía desde hacía mucho tiempo y que su vida siempre había esperado su llegada.

Ese hombre no le prometió grandes cosas, no le pidió medidas 90-60-90.

Era un extranjero que no la juzgó por su vestuario ni por sus modales, sino que parecía amarla y, al verla, le hizo un ofrecimiento que nunca antes le habían hecho: le ofreció agua.

Sí, como lo leíste, agua.

Un agua que nunca le causaría más sed y que, por el contrario, la haría portadora de vida.

Un agua de una fuente que no se agotaba y que, al instante en el que se cruzaron sus caminos, ya saciaba su sed, la llenaba de vida, le daba un propósito. Había abierto sus ojos y le mostraba que era más que una cara bonita.

Luego de darle agua, le dio un propósito, dirigió su vida para algo más que solo sobrevivir. En un silencioso y lleno de fuego minuto, ella entendió: ¡Tenía algo específico que hacer en esta tierra! Llevar a los demás a esa fuente inagotable. Quería que eso que sentía en su interior, lo pudieran tener los demás.

El nombre de él: Jesús, y ella ha sido conocida a lo largo de la historia como la mujer samaritana (Juan 4).

Jesús contestó:

> —*Cualquiera que beba de esta agua pronto volverá a tener sed, pero todos los que beban del agua que yo doy no tendrán sed jamás. Esa agua se convierte en un manantial que brota con frescura dentro de ellos y les da vida eterna.*
>
> —Juan 4:13

Preciosa historia. En muchas maneras es mi historia, tal vez no tuve cinco esposos, pero sí tuve relaciones que me dejaron desecha.

Vendí mis principios o mis límites por sentirme satisfecha, callé por ser aceptada, lloré por amores que se fueron y que creía que eran mi única oportunidad para ser importante en la vida de alguien.

Vendí mi tiempo a trabajos que me esclavizaron a cambio de sentirme útil, perdí mi paz viendo en redes sociales las vidas perfectas de muchos y sintiéndome miserable porque esto solo aumentaba mi vacío.

Y tú, ¿te identificaste con la historia de la samaritana?

¿Esposos mediocres o esposas extranecesitadas?

Esposa joven, tu esposo no tiene el deber de llenarte. De hecho, si me permites ser sincera, nunca lo va a hacer.

Hace años fui consejera de un colegio del gobierno en Colombia. Solía enseñarles a los niños un dibujo de un corazón en donde ellos ponían los nombres de las cosas y las personas que los hacían sentir plenos. Veíamos con ellos que por más que escribiéramos cosas, siempre iban a quedar espacios vacíos. No había ninguna manera de llenar por completo el corazón con palabras.

Lo mismo ocurre con nosotros, no hay nada hecho con el molde para llenar nuestras necesidades más profundas. El único que puede pintarlo completamente es Dios.

No quiero hablarte de una manera subjetiva o extraña, de hecho, si nunca has tenido una relación con Él, muy posiblemente te suene como algo hipotético y abstracto. ¿Cómo una persona o ser que no conozco va a hacerme sentir bien?

Dios es más que una palabra de cuatro letras, más que el hombre del crucifijo, más que la Biblia empolvada en el Salmo 91. Él lo es todo, requiere de ti todo y para entenderlo necesitas establecer una relación real con Él.

Ser completamente plena es una palabra que parece irreal para la mujer de hoy en día. Culturalmente hablando, siempre nos falta algo: dinero, perder peso, la última blusa coral, el pantalón azul, ese vestido negro, que nuestro marido nos arregle ese mueble, pan para el desayuno, en fin.

La sociedad actual se especializa en hacer incompletas y necesitadas a las mujeres, pero en Jesús, somos plenas, llenas, completas.

No somos media naranja, no estamos buscando la otra mitad del sol, no somos la parte del andrógino, no estamos para demandar sino para dar. Somos completas.

Muchas esposas atribuyen su insatisfacción a la mediocridad de sus esposos o sus actitudes hirientes. De hecho, he recibido mensajes en los que pareciera que estuvieran casadas para sufrir al lado de ogros desalmados que nunca las consideran. Pero cuando hablo con ellas, encuentro que nunca, ni siquiera estando solteras, fueron plenas, siempre han encontrado a quién culpar por su infelicidad.

Como lo dije antes, la mayoría de los problemas del hogar son reflejo de nuestra condición emocional. Si bien somos dos personas, Dios es Dios de las esposas también. Él guarda nuestras vidas, nos llena.

Para transformar un hogar se necesita el poder de Dios y alguien dispuesto a creerle. Sería genial si pudieran hacerlo los dos, pero si no, ¿te animas a ser tú?

Encontrarnos con Jesús genera muchos cambios en nuestro ser, entre ellos: pone su vida en nosotras y sacia nuestra alma. Por medio de su presencia, podemos tomar el agua todos los días que calmará nuestra sed emocional; y, además, encontramos propósito.

No sé si conoces bien la historia de Juan 4, pero me gustaría que la leyeras.

Inmediatamente, cuando la samaritana se encontró con Jesús fue llena, y descubrió que no era un mobiliario de Samaria sino una mujer de reino, y salió a contarlo al mundo entero.

Muchos samaritanos de esa aldea creyeron en Jesús, porque la mujer había dicho: "¡Él me dijo todo lo que hice en mi vida!". Cuando salieron a verlo, le rogaron que se quedara en la aldea. Así que Jesús se quedó dos días, tiempo suficiente para que muchos más escucharan su mensaje y creyeran. Luego le dijeron a la mujer: "Ahora creemos, no solo por lo que tú nos dijiste, sino porque lo hemos oído en persona. Ahora sabemos que él es realmente el Salvador del mundo".

—JUAN 4:39-42

Luego de escuchar a la mujer necesitada, insatisfecha y de corazón volátil que fue transformada por Jesús, toda su aldea conoció la esperanza del evangelio.

Mi mamá siempre me ha enseñado una frase de los monjes capuchinos que recibió en su carrera de docente: "Una persona impactada es una generación impactada". ¡Deja que Dios entre a tu corazón!

Una relación con Dios es realmente transformadora. Si la tienes, llévala a un siguiente nivel, si no, comienza hoy.

¿Cómo saber si tengo una relación real con Dios?

Quiero compartirte unos breves postulados que te pueden ayudar a identificar qué tan real es tu relación con Dios.

Lo hago de esta manera para que te evalúes franca y prácticamente. Si tienes que ajustar algo, ¡hazlo! Si no, buenísimo, vas por buen camino y podemos seguir adelante. La vida dura más que un solo día, no se trata del trayecto o la velocidad, sino de la persistencia.

Revisa estos puntos y si ves que puedes incrementar en algo la cercanía en tu relación con Dios, avanza.

1. Procuro conocerle a través de la lectura de la Biblia: Leer la Biblia no necesariamente significa leerla de corrido en un año, memorizar los proverbios o cantar los salmos.

   Todos los libros tienen un propósito específico: revelar a Jesús a través de la historia de la humanidad y de diferentes modelos.

   Cada libro tiene un contexto, un tiempo, un público y un propósito; una lectura intencional y sistemática hará que ese libro pase de ser únicamente letra a ser una vivencia diaria y completa.

   Un *tip* para leer la Biblia es inicialmente leer el contexto, luego entender el concepto y finalmente aplicarlo a nuestra vida personal.

   No se trata de una carrera para ver quién lee más, sino de leerla para ser transformados a diario.

2. Hablo con Él a través de la oración: La lectura de la Biblia hace que conozcamos su voz, la oración hace que él conozca la nuestra. Como tal Él es Dios y sabe lo que pensamos y necesitamos, pero al expresarlo

podemos nivelar nuestro corazón, intimar con Él y, de alguna manera, bajar a la tierra lo que pasa en el cielo.

La oración es muy poderosa, establece vínculos en nuestra mente y nuestro espíritu.

No te enredes si no sabes cómo empezar o cómo orar. Es una conversación normal, un tiempo entre Padre e hija o mejores amigos. Lo más difícil es comenzar.

3. Escucho adoración o alabanzas (ando gozosa): La música tiene un poder bastante especial sobre nuestras emociones. Si estás triste, puede aumentar tu melancolía; si estás feliz, puede mantener tu ánimo.

   Cantar canciones que exalten, alaben y adoren a Dios le dan a Él un lugar en nuestros días. Nos hacen declarar frases poderosas de su poder y también anclan nuestras emociones.

4. Me rodeo de personas de fe: Quien anda entre la miel, algo se le pega. Dime con quién andas y te diré quién eres. Andar con personas de fe puede ser uno de los pilares en tu relación con Dios.

   Cuida tus amistades y a las personas a las que les abres tu corazón o de las cuales recibes consejo. Uno de los secretos de mi matrimonio y de mi caminar cristiano han sido mis amigos. Ha habido momentos donde emocionalmente no podía continuar, pero una palabra de ánimo en un momento indicado me han llenado de fuerzas para salir adelante.

MI DOLOR NO ES RESPONSABILIDAD DEL OTRO

El problema con el castillo vacío es que las mujeres creemos que el culpable de nuestro dolor emocional es nuestro compañero y no del todo es así. Si bien puede tener parte en la responsabilidad, también es cierto que no tiene la cura.

Hace unos años, un huracán muy fuerte amenazaba el lugar en donde vivía. Los medios de comunicación alertaban constantemente a la población, alertas en el celular sonaban de manera continua aumentando la tensión en todos los habitantes.

Todos mis vecinos habían tapado con maderas las ventanas, las familias habían salido en masa con sus autos para cuidarse de la tormenta. Las tiendas vacías, las calles desoladas; en pocos días me sentía cual actriz latina en una película del fin del mundo.

Con un familiar, salimos a llenar el tanque de gasolina de los autos y pasamos casi dos horas haciendo cola para lograrlo. Mientras veía a todo el mundo gritar y correr con angustia, me metí a un baño y comencé a llorar.

La presión era mucha. Nunca había vivido una tormenta como esa y no la quería vivir. En Colombia, había estado presente en algunos temblores y el hecho de ver el poder de la naturaleza me aterraba.

Tras salir de allí, con mucha seguridad le dije a Samuel que no quería vivir esa tormenta, que por favor saliéramos de la Florida a un estado más seguro.

Afortunadamente, toda la familia acordó que era la mejor decisión. Ellos estaban más confiados porque ya habían vivido otros huracanes, pero no querían someter a nuestros sobrinitos de cuatro y seis años (en ese entonces) a vivir la experiencia que se podía presentar.

Antes de salir, toda la familia se había ocupado de dejar seguras las casas y apartamentos en donde vivíamos. Pusimos barreras en las ventanas, desbaratamos las camas de nuestro apartamento y las pusimos contra los vidrios, guardamos en bolsas y en lugares altos lo que podía mojarse en una eventual inundación y rápidamente pusimos en nuestras maletas lo que considerábamos necesario para pasar varios días afuera sin poder volver.

Nos fuimos con la tormenta a unas cuantas horas de distancia. Tardamos en la carretera el doble de tiempo que usualmente llevaría y llegamos a nuestro destino a las 24 horas.

En el auto, mientras íbamos cantando y contando todas las historias posibles para no dormirnos a causa del cansancio, Dios habló a mi corazón:

"Las tormentas son imposibles de manipular y evitar que sucedan donde estás, pero en tus manos está la actitud que tomas al enfrentarlas".

Las viviendas de todos habían quedado seguras y no teníamos manera de controlar lo que pasaba allá, pero si podíamos transformar nuestra actitud.

Pasamos cuatro días en unas vacaciones increíbles en familia. Una vez llegados a nuestro punto de destino, nos ocupamos de compartir y pasar un tiempo agradable.

Afuera había una tormenta, pero en nuestra mente, el Señor nos daba la paz para saber que estábamos a salvo.

En nuestros hogares podemos tener dificultades, pero está en nosotras determinar qué actitudes tomamos ante los problemas. Así como en la tormenta, el secreto de estar a salvo está en la preparación. Si no poníamos atención en poner las barreras en las ventanas, estas podían romperse y, al soplar el viento, destrozar todo lo que había dentro.

Si nosotras no nos encargamos de proteger nuestras mentes, fortalecer las barreras de nuestra identidad y llenar de fundamento nuestras emociones, cualquier problema podrá derrumbarnos. Un viento cualquiera puede arrasar todo lo que nos rodea.

Nuevamente, quiero preguntarte si estás pasando por una dificultad. Tal vez no tengas la manera de evadirla, pero sí de preguntarte qué actitud decides asumir frente a ella.

Date a ti misma el poder de recibir responsabilidad en las situaciones que enfrentas. Sé que es fácil decir: "Él no me entiende", "Es grosero", "Es egoísta", "No me dedica tiempo", pero esa es solo la tormenta. ¿Qué poder asumes tú ante sus reacciones? ¿Qué actitud eliges tener?

TU RELACIÓN PRINCIPAL EN EL MATRIMONIO ES CON DIOS, LUEGO CON TU ESPOSO

Si hay algo que quisiera poder enseñarte a través de este libro es que tu relación principal en el matrimonio es con Dios, luego sí con tu esposo.

Si no eres feliz en tu relación e intimidad con Dios, no lo vas a ser con tu marido. Nadie en este mundo está hecho para hacerte feliz. Es tu decisión llenarte de Dios y lograrlo.

A menudo, a través de nuestro ministerio, tanto en las redes sociales como las personas que hemos monitoreado, recibimos consultas de mujeres que desean saber lo que los hombres deben pensar o hacer, y siempre respondo lo mismo: "Este proyecto (en este caso este libro) es para ti mujer, no para tu esposo".

En otros contextos, Samuel les habla directamente a los hombres y les enseña sobre lo que hemos aprendido, pero mientras seas tú quien tengas este libro en tus manos, es contigo con quien Dios quiere tratar.

No te resistas llenándote de argumentos, mostrándote y mostrándoles a los demás que tu esposo falla en una infinidad de cosas. Puede ser que tengas razón, pero esto no te va a dar la solución.

Ocúpate de llenar tu mente y tu corazón del amor y la paz de Dios. Te aseguro que lo demás irá tomando su lugar.

PROTAGONISTA O EXTRA SIN PARLAMENTO DE TU PROPIA VIDA

Todos tenemos dos opciones: ser protagonistas o extras sin parlamento de nuestras vidas.

Al ser extras sin parlamentos, todo sucede en torno a nosotros, pero no desde nosotros. Vivimos los residuos de las vidas de los demás, pasamos inadvertidos y llenamos el escenario, mas no generamos cambios importantes.

Muchas mujeres, a lo largo de su vida y matrimonio, son extras sin parlamento; no solo porque sea "culpa" de sus esposos, sino porque ellas han perdido la responsabilidad de asumir su rol y ejercerlo sabiamente.

Mujeres que constantemente dicen: "Es que él...", "Siempre es así" o "No puedo hacer nada" suelen tener sobre su mente la etiqueta de sobrevivencia más que la de vivir su propia vida.

Creen que es la culpa de los demás el no poder tener cambios en su propia vida. Mientras tanto, las protagonistas dejan de buscar una excusa para que el otro dé un paso y gustosas lo dan.

Las protagonistas entienden que hay cosas que no pueden cambiar, pero también saben que hay pasos que sí pueden dar y los asumen. Las protagonistas no buscan resultados inmediatos, sino que aprenden a valorar el camino al igual que el destino. Saben que un día de transformación es un día más para la gloria de Dios.

Las extras sin parlamento buscan fijarse en los demás y se comparan. Sus palabras suelen ser: "Yo cambiaría, pero qué pasa si él no", "Yo lo haría, pero él nunca hace nada", "Yo no puedo" o "Si él no lo hace, yo tampoco".

Esto me recuerda a Catalina. Ella y su esposo son una pareja joven a quienes Samuel y yo amamos. Hemos hablado mutuamente tratando de ayudar su hogar, pero la respuesta de ambos siempre es: "Yo hago mi parte, pero el otro no. No voy a hacer nada hasta que algo cambie".

Con el mismo discurso llevan más de siete años juntos. Aunque nosotros los hemos acompañado durante un tiempo menor a esos siete años, desde que los conocemos están con un pie en el divorcio y un pie en el matrimonio.

No han podido ponerse de acuerdo para avanzar, conseguir mejores opciones económicas, tener un hijo ni tan solo una mascota.

Cada decisión es un campo de guerra. Ambos están enfrascados en ser extras sin parlamentos y le huyen al compromiso de ser los protagonistas de su relación. ¿Cuándo cambiará su situación?

Y tú amiga que me estás leyendo, cuéntame: ¿eres la protagonista o extra sin parlamento de tu propia vida?

LAS DECISIONES TE DAN RESPONSABILIDAD Y LA RESPONSABILIDAD, PODER

Algo que he visto en la mayoría de las mujeres jóvenes de mi generación y las que vienen en camino es que no sabemos tomar decisiones. Pensamos que nuestros padres hacen la comida en el horno microondas y así creemos que es la vida misma.

Todo en la vida parte de una decisión. Cuando tomas la misma, debes meditar lo suficiente en las consecuencias y dar el paso conociendo las implicaciones de cualquier elección.

Esposa, cuando dijiste: "Sí, acepto" delante de tu esposo, aceptaste vivir un proceso de construir un hogar. Ese "acepto" es una responsabilidad y un compromiso que asumiste para construir un futuro.

Si decidiste casarte, asume las consecuencias de construir un hogar. La esposa sabia construye su casa, no la encuentra hecha y arreglada.

> *La mujer sabia edifica su hogar, pero la necia con sus propias manos lo destruye.*
> —Proverbios 14:1

La construcción es progresiva, implica un proceso. El "felices para siempre" es un camino y destino que se elige día a día.

Lo genial de saber que decidiste construir y que eres protagonista es que Dios te dio las herramientas para vivir en un hogar trasformado.

Asumir la responsabilidad de tu decisión es saber que con tus actitudes y reacciones construyes algo a cada instante. Si aprendes a confiar en Dios para ser formada como esposa, podrás unirte a Él y a tu esposo para construir el mejor pedacito de cielo en esta tierra.

El ejercicio de esa responsabilidad te da poder. No poder para manipular al otro y cambiarlo, sino poder en Jesús para crear una nueva historia y para ver el poder de Dios transformando tu vida diaria y tu matrimonio.

Si estás sintiéndote triste y abatida en tu hogar, el primer paso no es cambiar al otro, sino buscar un cambio en ti misma. Es encontrar qué situaciones de las que estás viviendo dependen de Dios, qué depende de ti y qué depende de tu esposo.

Dios se encargará de hacerle ver a tu esposo aquello que dependa de él. ¿Qué tanto confías en Dios para dejarle obrar en tu vida y en la de tu marido sin querer hacerlo por tus propios medios?

Aquello que dependa de Dios, debes soltarlo. Por más que te afanes, no podrás cambiar las cosas ni modificarlas. Como dice el dicho: "Al Señor lo conmueve la fe, no tus lágrimas".

¿Y quién de vosotros podrá, por mucho que se afane, añadir a su estatura un codo?
—MATEO 6:27, RVR1960

LO QUE DEPENDA DE TI, AJÚSTALO

La mayoría de las veces, los problemas que vemos en los demás solo hablan de aquellas cosas que aún no han sido modeladas en nosotros y que debemos cambiar.

Para darte un ejemplo, hace unos años, Samuel estuvo en medio de una dificultad de salud de su mamá y mía. Ella se encontraba en el hospital recién operada y yo con constantes citas médicas debido a varios síntomas que estaba presentando. En un momento, él tuvo que ir a cuidar a su mamá, mientras yo tuve que esperarlo en otro lugar de Estados Unidos y seguir con los controles.

Inicialmente lloré, hasta peleé. Entendía la difícil decisión de mi esposo, mi suegra no tenía quien la cuidara y esa cirugía había sido complicada. Necesitaba a alguien que estuviera con ella y la ayudara en un momento muy delicado. Gracias a su trabajo, Samuel lo podía hacer; pero a su vez, yo tenía grandes dolores, estaba asustada con lo que los médicos me decían, me sentía débil y, especialmente, sola.

Sin embargo, a pesar de mis sentimientos, la realidad era que yo podía estar sola, mi suegra no. Samuel y yo llegamos a un acuerdo y, finalmente, yo estaba feliz por apoyo que él podía brindarles a sus familiares.

Tenía dos opciones, sentirme mal y triste por no poder contar con el apoyo físico de mi esposo o abastecerme de la fuente de vida para que Dios llenara cada parte de mí. Al fin y al cabo, Samuel me llamaba constantemente y estaba pendiente de cada uno de mis movimientos. Aunque no estuviera a mi lado, sí estaba conmigo.

Asumir que mi estabilidad depende de mi relación con Dios es mi responsabilidad. Después de Dios, soy la prioridad de mi esposo. Él me ama, pero también he sido llena del poder del Espíritu Santo para que juntos seamos un equipo y, cuando él necesite mi ayuda, esforzarme para que la tenga, no para ser un problema.

CONFRONTACIÓN A UNA ESPOSA EN PROBLEMAS

Los primeros años de nuestro matrimonio fueron realmente muy duros.

Un día, en el que tuvimos un gran incidente enfrente de toda la familia de Samuel, Dios me confrontó.

Ambos estábamos dispuestos a pelear y cualquier excusa que teníamos para discutir y hacernos sentir mal el uno al otro no era desaprovechada.

Era un día especial. Todos estábamos reunidos y, a causa de una muy tonta diferencia entre ambos, nos fuimos del lugar y me quedé en el apartamento, mientras él volvía al restaurante.

En esos momentos la relación estaba en su momento más tenso. Ya no queríamos continuar. En realidad, acabar con nuestro hogar y que yo volviera a Colombia era la opción que aparentemente se veía más fácil para ambos.

De hecho, ahora que lo pienso, qué tontas somos las parejas jóvenes. En medio del egoísmo y la inexperiencia, vamos dejando dolor no solo en el matrimonio, sino en las personas que nos rodean. Ese día les celebrábamos el Día de la Madre a mi suegra, mi abuelita y mi cuñada, pero a causa de nuestra inmadurez, arruinamos la reunión y lastimamos sus corazones.

Aprendí todo esto a las malas. No fui la nuera fácil y amorosa que tal vez mi suegra esperaba. En medio del pataleo para sobrevivir a esos primeros años, mi falta de sabiduría para comunicarme le hizo daño. Fui grosera, dije cosas hirientes, tuve actitudes inadecuadas que el tiempo y el amor de Dios poco a poco están sanando.

En la familia pasarán muchas historias que lastimarán a sus miembros. Tal vez quieras o creas tener siempre la razón. Es más, seguramente tienes todos los argumentos para demostrar tu posición, pero de eso no se trata el amor. Habrá cosas que tendrás que aceptar y sanar, tomar la decisión de continuar o salir corriendo. Por eso, lee conmigo estos párrafos.

Esta fue la confrontación que recibí de parte de Dios para mi vida: cuando me encontraba llorando y desesperada por no ver el fin a toda la presión que estábamos enfrentando, tuve tres opciones delante de mí. Sé que posiblemente te parezca fuerte, pero esto me hizo reaccionar.

Si hoy vives un tiempo difícil y estás buscando una respuesta, voy a llevarte al límite. El invierno está llegando y los capítulos que vienen son más profundos, por eso voy a confrontarte un poco. ¿Preparada?

Sé que hay circunstancias en nuestras vidas en las que hemos perdido la esperanza. Podemos sentirnos ignoradas, poco amadas, sin ganas de continuar en el hogar. Yo me sentía así y te puedo entender, pero mi pregunta es: ¿qué vas a hacer con eso?

Elige bien tu respuesta y asume las consecuencias de tu elección, voy a presentarte tres posibles opciones.

1. ¿Quieres huir y acabar tu hogar? ¡Hazlo!

Tengo que advertirte que esto no va a solucionar nada. Podrás encontrar un remedio temporal, pero ¿será el camino correcto?

Si aun así sientes que no puedes más, ¡hazlo! Asume tu decisión, sabiendo que no hay hogar perfecto y que si vuelves a empezar con otra persona, nuevamente tendrás problemas, te encontrarás con la misma problemática u otra diferente. Huir solo va a cambiar el ambiente, pero no te ayudará a pasar la prueba. No te vayas del hogar para manipular a tu esposo, no te vayas pensando que por tus actos él cambiará o se dará cuenta de lo que debía hacer y te buscará.

Todo lo que hagas basado en lo que tú crees o en lo que esperas conseguir sin la guía de Dios, no va a dar resultados permanentes.

No estoy de acuerdo ni aconsejo a las mujeres que dejen de tener relaciones sexuales para convencer a sus esposos de hacer algo, mucho menos que se aíslen y dejen de hablarle o que se vayan de la casa esperando un cambio. Estos consejos, aunque tradicionales, suelen basarse en la manipulación y no son de Dios.

Mujeres manipuladoras, en especial en Latinoamérica, toman día tras día este tipo de decisiones. Es triste ver cómo algunos blogs para mujeres y novias recomiendan a diario el imponerse sobre los hombres de una manera casi imperceptible, en vez de trabajar el carácter y la sabiduría en ellas bajo el poder de Dios, el cual puede lograr resultados imposibles.

No conozco una mujer que sea feliz con un hombre que le diga sí a todo y, gracias a la manipulación y presión de ella sobre su carácter y masculinidad, este va perdiendo su esencia.

Por eso, aunque es una opción, a mí no me parece la más acertada. Quiero contarte las otras dos posibilidades que puedes tener delante de ti.

2. Si decides luchar por tu matrimonio y salir adelante para edificar en tu casa un pedacito de cielo, entonces asúmelo. Ponte las botas y saca adelante el poder de tu responsabilidad.

No te desanimes si a la semana de tomar tu decisión las circunstancias siguen siendo las mismas.

Tu decisión debe estar basada en la confianza que tienes en Dios para obrar sobre cualquier tormenta, no en lo que tú puedes hacer para cambiar al otro.

3. Finalmente, la tercera opción que puedes tener en medio de lo que estás viviendo es tomar la decisión de seguir quejándote sin trabajar en tu hogar y esperar el cambio del otro. Este camino, al igual que los otros dos que te acabo de mencionar, también tiene consecuencias y tendrás que vivir con ellas.

En cualquier caso, toda decisión en un matrimonio cuando las cosas no funcionan suele requerir un gran sacrificio. Tu determinación y motivación podrán hacer que el Señor se glorifique en gran manera en ellas o sencillamente que dejes ir aquello que con tanto amor comenzaste.

En tu elección hay poder. ¡Actúa y avanza!

Si te sirve de algo, quiero contarte que la misma confrontación la tuvo mi esposo unas semanas después.

A causa del proceso de migración, tuve que dejar Miami y regresar a Colombia por unos cuantos meses.

El barco parecía hundirse. Antes de viajar, Samuel me confesó que no estaba seguro de seguir. Desde que nos habíamos casado cada día era más difícil que el anterior y no era fácil asumirlo.

Estuve en mi país durante tres meses y en ese tiempo el Señor le habló al corazón de mi esposo, aunque no del mismo modo, ambos supimos que sí queríamos seguir juntos y que debíamos trabajar para hacerlo.

Me llamó a Colombia y me dijo que me amaba, que íbamos a luchar por nuestro hogar y que si Dios nos había unido, ambos debíamos aprender a trabajar en ello.

A las pocas semanas, volví de mi viaje. El Señor tomó nuestra elección, nos fortaleció en nuestra responsabilidad y nos dio, a través del poder del Espíritu Santo, la fuerza para cambiar y trabajar en nuestra unión.

¿QUÉ HECHO RESPALDÓ NUESTRA DECISIÓN?

Tras llegar, tomamos juntos la decisión de exponernos para ser formados y reeducados a través de una sesión de mentoría para matrimonios. Conocimos a nuestros mentores Richard y Judy Hernández, nuestros amigos y grandes ayudadores. Ellos fueron nuestros árbitros en medio de las peleas, nuestro apoyo en oración y un hogar que nos modeló para saber cómo podíamos vivir un matrimonio al estilo de Dios.

Escribir acerca de esto conmueve mucho mi corazón. Puedo recordar las cenas en su casa en donde Judy preparaba una cena deliciosa, sus tres hijos nos abrazaban y acompañaban llenándonos de mucho amor.

Luego, Richard comenzaba a contarnos anécdotas de su trabajo, de su vida, de diferentes vivencias o historias sobre lo que había aprendido en los últimos días.

Él nos explicaba que la iglesia era eso: el compartir, el aprender todos de las experiencias de los demás, el poder identificarnos en nuestras pruebas y ver cómo Dios obra en la vida del otro para desarrollar la fe de creer que puede obrar en la nuestra.

En este proceso de mentoría fuimos confrontados fuertemente, tanto mi marido como yo, en cosas que ambos creíamos normales. Incluso, hoy en día, cuando tenemos diferencias en nuestro hogar, los llamamos o les comentamos para tener en cuenta su opinión dentro de nuestras decisiones.

Dios nos bendijo con una familia que creyó en nosotros y nos formó en nuestros roles. Aprendimos a ser esposos y a convivir con el otro a medida que nos vamos conociendo.

Es extraño, pero no sé si te has fijado que cada vez que hay seminarios o reuniones en la iglesia, las personas asisten masivamente cuando se trata de conciertos, reuniones de compartir, etc. y eso no está mal; pero ¿cuántas parejas asisten a los seminarios para matrimonios en tu iglesia local?, ¿cuántas charlas matrimoniales has escuchado hasta hoy?

Cuando una persona quiere ser odontóloga, estudia odontología; un médico estudia medicina. ¿Quién capacita a los esposos para tener un matrimonio?

Desde ese momento, en nuestra vida, amamos formarnos. Asistimos a cuanto seminario de parejas, familia o matrimonios nos invitan. Sabemos que invertir en nuestra relación es invertir en nosotros mismos.

Esta es la razón por la que escribí este libro. Quiero que al igual que yo, puedas recibir algún tipo de amor y entendimiento sobre la situación que vives. Dios es fiel. Él puede cambiar aun el problema más grande que puedas enfrentar. ¡Cree y avanza!

Pasos prácticos para orar y creer por un hogar en problemas

A continuación, quiero compartir contigo una lista de pasos prácticos para orar y creer por tu hogar si está en problemas:

1. Restablece tu relación PERSONAL con Dios: Si quieres luchar por tu matrimonio, la primera estación comienza en fortalecer tu relación con Dios. En este

proceso vivirás muchos altibajos, días en que sentirás que no quieres seguir adelante, momentos en los que el dolor y la desesperación gritarán más fuerte que tu misión de luchar por el hogar, pero recuerda que no es en tus fuerzas, sino en el poder de Dios. Vive un día y un afán a la vez.

De hecho, esposa, amiga, el proceso puede ser más duro de lo que imaginas. Cada pareja es diferente. Puede que tengas que tomar decisiones difíciles y radicales para llegar a lo que necesitas. ¿Cómo saber qué es exactamente lo que tienes que hacer si Dios no está contigo?, ¿si Él no te dice exactamente qué hacer?

Cualquier paso que des, cualquier decisión que tomes, asegúrate de que estén de acuerdo con lo que Dios te dice que hagas. No te alejes de Él por sentirte culpable o frustrada. Dios es el único que realmente puede hacer algo por ti.

Se necesita de un corazón determinado y con fe para dar vida a un hogar en caída.

2. Entrega tu relación día a día a Dios: Todos los días decide confiar y soltar los resultados.

Ora a Dios por el propósito de tu matrimonio y que Él como carpintero pueda hacer lo que sea necesario para volver a trabajar en los corazones de ambos.

No ores para que sea solo él quien deba cambiar. Mientras te duelan cosas, mientras tengas mal genio, mientras pierdas la paz, aun cuando sea justificable para ti, hay cosas que Dios está obrando en tu corazón. No hay problema de pareja que sea de uno solo, todo en el hogar es para los dos.

3. Ora por tu esposo: Declara vida y amor para él. Ora por cada una de sus áreas. En tu oración, ten presente no pedir para que se convierta en lo que tú quieras, sino en el hombre que Dios formó y creó para ser: la cabeza de tu hogar. En los capítulos finales voy a darte ejemplos de algunas oraciones y te ayudaré un poco más al respecto.

4. No te descuides a ti misma: Haz ejercicio, ponte linda, arréglate, ámate, cuídate y aliméntate bien. Es tiempo de hacer ver de manera práctica el paso número uno. Eres una mujer llena de Dios, con dolores y luchas pero que decidió creer. ¡Demuéstralo!

5. Da amor: Cuando hayas realizado los pasos anteriores, trátalo con amor. No señales, no culpes, no presiones. Recuerda que decidiste luchar y llegar hasta acá de la mano de Dios. Has entregado tu matrimonio para que Dios lo forme. No estás aquí esperando cambiar a tu esposo, sino entendiendo que solo Dios lo puede hacer. Suelta el control y da lo que menos espera. No pongas tus ojos en la reacción de tu esposo, sino en el poder de Dios. ¡Descansa!

La fe es la confianza de que en verdad sucederá lo que esperamos; es lo que nos da la certeza de las cosas que no podemos ver.

—HEBREOS 11:1

MI DIARIO

1. ¿Qué tanta responsabilidad asumo frente a las consecuencias de mis decisiones?

2. ¿Qué es lo que más me cuesta dejar para luchar por mi hogar?

3. ¿Creo que Dios puede ayudarme a salir adelante en mi matrimonio?

4. ¿Qué decisiones asumo hoy ante las circunstancias que estoy viviendo en mi hogar?

INVIERNO

*Él ordena que caiga la nieve en la tierra
y le dice a la lluvia que sea torrencial.
Hace que todos dejen de trabajar
para que contemplen su poder.*

—Job 37:6-7

Capítulo 9

EL DÍA DEL EGOÍSMO

Hola Lala:

Soy Aidee. Te escribo para contarte mi historia. Me gustaría poder encontrar paz, ya que no puedo más con el dolor.

Llevo casi diez años casada con mi marido. Bueno... estamos separados hace un par de años, pero yo lo sigo viendo como mi esposo. Tenemos dos hijos maravillosos.

Soy una mujer de carácter fuerte, trabajé desde muy niña y me gusta que lo que haga sea excelente.

La relación con mi esposo se fue enfriando. Constantemente necesitaba de su parte muestras de amor que no me daba. Soy una mujer, necesito amor, necesito atención, necesito que me demuestren con hechos que me aman, que me hagan sentir que soy valiosa e importante.

Cada vez que él se iba a trabajar o no me contestaba el teléfono de inmediato, me sentía insegura. Comenzaba a llamarlo y a insultarlo porque yo no era su prioridad. ¿Acaso era el trabajo más importante que yo?

Él dice que me ama, que quiere cambiar, que quiere demostrarme el amor como lo necesito, pero que le cuesta entenderme. Es solo amor. ¿Por qué no puede ver lo que quiero?

Cuando las peleas no paraban, decidí alejarme para que recapacitara y me valorara; pero parece no reaccionar. Cuando nos encontramos, ambos parecíamos candela: prendemos fácilmente para tener sexo, pero también para destruirla con nuestras discusiones.

Ahora me busca para tener sexo conmigo únicamente. Yo no puedo decir que no, lo necesito también y, aunque le he pedido a Dios que lo alejara de mí, todo el tiempo estoy pensando en la próxima vez que lo volveré a ver.

He intentado dejar de pensar en él, pero no puedo. Lloro todos los días, he perdido mucho peso, me siento fatal. A veces lo llamo para saber qué hace y me responde amablemente, pero no me dice que me ama, y su actitud me duele más.

Ha habido momentos en los que he intentado salir con otras personas. Me siento débil y quiero buscar compañía, pero no encuentro a nadie que me dé lo que busco. Los hombres de nuestra edad tienen hijos, exmujer, trabajos agobiantes y, aunque comenzamos bien, todo se pone aburrido y el dolor vuelve a mi corazón.

No me he divorciado, al fin y al cabo, delante de Dios nos casamos y él tiene que cumplir su obligación. ¿Cuándo volveré a ser feliz? Ayúdame. He leído tus posts y en muchos me siento identificada. En mi matrimonio cometí muchos errores, pero él también y no ha querido remediar nada.

Gracias por tu tiempo.

—AIDEE

Querida amiga, siento mucho lo que estás pasando y me duele que te sientas así. Gracias por tener la confianza y la valentía de contar tu historia. Sé que muchas podrán aprender de ella.

Si hay algo que debo decirte es que toda tu carta me grita que más que un esposo, necesitas del amor de Dios en tu vida.

Cuando nuestras necesidades emocionales o físicas no son colmadas, empezamos a buscar algo que las llene. Nos volvemos sedientas de aprobación y amor, causando que todo a nuestro alrededor gire de manera insana en torno a nosotras.

Sé que has orado, sé que has intentado obrar diferente, pero quiero animarte a que dejes de orar para separarte o actuar de una manera determinada y empieces a buscar de manera absoluta el amor del Señor. ¡Llénate de Él! Cambia el centro de tu oración, que tu necesidad emocional y lo que esperas se haga a un lado, para recibir el amor incondicional y la fuerza del Señor.

Cuando oramos, hay un riesgo entre realmente orar en paz o desesperadamente ponerle voz a nuestros pensamientos y dar vueltas sobre nuestros problemas. Cuando ello suceda, reenfoca tu necesidad.

¿Te ha pasado que comienzas a hablar con Dios de tus dificultades y, en vez de entregarlos, hablas y hablas y hablas de ellos sin parar, te angustias, lloras más, gritas, pides ayuda, pero no puedes soltar? Eso es rezar tus problemas y no orarle a Dios para que te ayude con ellos.

Orar incluye un desprendimiento, una decisión de hablar, llorar, soltar y continuar, no seguir bebiendo la leche derramada una y otra vez.

Partiendo de lo que vimos en el capítulo anterior, en ocasiones la soledad y la tristeza, por la falta de plenitud, pueden seguir siendo grandes y comienzan a corroer diferentes áreas de nuestro corazón.

Uno de los peligros más grandes que puede haber en un matrimonio es el "yo necesito", porque si bien es importante aprender a identificar tus vulnerabilidades, también lo es el señalar quién puede llenarlas.

Aquí te hablaré del segundo gran enemigo de tu matrimonio: el "yo". La verdad es que tú misma puedes ser la antagonista de tu hogar soñado.

Para mostrar diferentes maneras de cómo nuestro egoísmo afecta el matrimonio, te hablaré de dos casos: el primero, los vampiros emocionales y el segundo, la codependencia.

VAMPIROS EMOCIONALES

Para comenzar, déjame contarte un poco acerca de los vampiros emocionales. Si crees que te estoy hablando de Drácula y su homólogo femenino, no es así.

En realidad, se trata de una característica de muchas de nosotras de querer "absorber" o "recibir" de manera desmedida la atención de los demás. Un vampiro emocional es aquella persona que necesita a otra para tener una estabilidad, la drena poco a poco y nunca está satisfecha.

Puede que caigamos en esta vulnerabilidad en etapas específicas o toda la vida y, creyendo que nos estamos llenando, absorbemos poco a poco a las demás personas, para engañar el insaciable vacío que hay en nuestro interior.

Características de un vampiro emocional:

1. Sensación de infelicidad, incapacidad de disfrutar.
2. Actitud de "todo me sale mal", "todo está en contra de mí", "¿Para qué nací?".
3. Necesidad de atención constante.
4. Pesimismo.
5. Inestabilidad emocional, necesita ayuda constantemente.
6. Miedo a la soledad.
7. Manipulador, muchas veces sin tener consciencia de ello. Acomoda sus argumentos para hacer ver lo que los demás no le dan.
8. Es el rey del drama, algo pequeño se vuelve catastrófico.
9. Es hiriente. Si no recibe lo que quiere, lastima a las personas que lo rodean.
10. Celópata, inseguro y envidioso. Siente temor de dejar de ser el centro.

Esposa que me lees, necesitar a tu esposo y querer que esté dedicado cien por ciento a ti, que te cueste darle su espacio, obsesionarte y tenerlo en la mente todo el tiempo, puede llevarte a que, SIN SABERLO y SIN INTENCIÓN, te conviertas en una vampira emocional.

En este círculo vicioso, el amor no trae paz ni tranquilidad. Es una constante montaña rusa que tiene picos muy altos y caídas profundas. Mueve tu estado de ánimo de un lado a otro, llenándote de amargura y frustración, queriendo controlar la situación y a tu esposo constantemente.

Amar y depender no son sinónimos. La paz es una buena medida para identificar qué tan sano es el estado emocional de tu relación.

Para ser una vampira emocional no necesitas ser una villana, de hecho, la mayoría de las personas que lo son, no son conscientes de ello.

Por eso, quiero animarte a que respondas sinceramente estas preguntas y, junto con las características que te di anteriormente, puedas determinar qué tan cierta es esta condición en tu vida.

Te recomiendo hacer esta evaluación no solo cuando leas por primera vez este libro, sino también cuando tengas dificultades en tu hogar. Podrá ser una buena herramienta para ayudarte a ver qué es exactamente lo que sientes y si parte de esa molestia viene únicamente de ti.

MI DIARIO

¿Qué tan feliz me siento en mi hogar?

Sería feliz si: _____

Cuando estoy sola, ¿qué sentimiento me invade?

¿Puedo ver una salida positiva de todas las circunstancias?

¿Qué porcentaje de mi tiempo tiene mi esposo o los problemas del hogar en mis pensamientos?

¿Puede hacer algo mi esposo para que yo sea verdaderamente feliz?

Cuando paso por un momento difícil, ¿necesito pasarlo acompañada?

¿Puedo controlar mis pensamientos?

¿Puedo controlar mis emociones?

Mejor es ser paciente que poderoso; más vale tener control propio que conquistar una ciudad.
—PROVERBIOS 16:32

Partiendo de las preguntas anteriores, creo que ya puedes tener una idea de qué tanto tu estabilidad depende de un tercero. Por eso, vamos a continuar hablando del tema.

¡SOY UNA VAMPIRA EMOCIONAL! ¿QUÉ PUEDO HACER?

No sé si fue tu caso o si encontraste que muchas de las respuestas apuntan a esta dirección. Debo confesar que hace unos años este fue mi descubrimiento.

En una época de mi vida, fui una vampira emocional.

Ningún ser humano sobre la tierra está hecho para ser endiosado y vivir así tranquilamente. Si observas con atención a las personas "famosas", los "ídolos" de muchos, tienden a tener una vida vacía, corta, triste, solitaria…

Robin Williams, Kurt Cobain, Ernest Hemingway, Marilyn Monroe son ejemplos de personas que lo tuvieron todo, menos paz. Personas que aunque muchos admiraron y pusieron en pedestales, sus vidas personales carecían de plenitud y optaron por escaparse trágicamente del dolor.

De la misma manera, los esposos tampoco están hechos para ser idolatrados, están hechos para ser amados.

Por nuestra parte, tampoco debemos ser puestas en ese lugar en donde la estabilidad emocional de la otra persona recae sobre nuestros hombros; aunque, vale la pena decirlo, muy en el fondo queramos que nos pongan allí.

Solo si las dos personas están firmes, con sus pies sobre la Roca, podrá caerse uno y el otro levantarlo. Si apoyas tu estabilidad sobre las fuerzas de él, lo vas a cansar, y si él se cae y estás recostada en su humanidad, entonces caerán los dos.

Existe una relación sana y bíblica en donde los dos son uno espiritualmente… pero, la tergiversación de esta relación es muy dañina y sucede cuando se necesita enfermizamente del otro para continuar.

Si te viste reflejada en la descripción de los vampiros emocionales, la solución, como la mayoría de las cosas en nuestra vida, es: identificar tu situación, aceptarla y decidir cambiarla.

Tu siguiente paso debe ser tomarte fuertemente de las manos de Dios y saber que únicamente encontrarás plenitud cuando pongas tus pies sobre Jesús, la Roca, y tu corazón sea llenado con su amor.

Es mucho menos subjetivo de lo que suena. A veces, como seres humanos queremos que nos digan rituales para que sin dominio propio obtengamos resultados. Tal vez, si te dijera que vayas trotando hacia la montaña más alta y regreses contando los pasos y saltando cada línea que encuentres para así poder de alguna manera llenar tu corazón, lo harías y te parecería más fácil.

Pero no es así. En nuestra vida vamos a encontrar que muchas cosas parten de una decisión y tienen fruto gracias a nuestra persistencia en ella; no en lo que mágicamente sentimos para poder ser transformados.

Todo parte de entender que un matrimonio sano debe tener una balanza y un equilibrio. En mi caso, la balanza viene del cielo, ya que no he encontrado nada en esta tierra que colme mi corazón y le dé paz a mi vida que no sea Jesús.

No he sido cristiana toda mi vida. Conocí al Señor a mis trece años, pero me aparté y volví a sus brazos siete años después. En mi adolescencia y juventud conocí diferentes religiones. Viví muchas circunstancias pues siempre fui inquieta y eso hizo que viviera experiencias de todo tipo. Conocí el alcohol, las fiestas, el desorden, los muchos amigos, el dinero, el éxito laboral y nada de eso llenaba mi corazón. Todo siempre dejaba un vacío que, al volver a mi casa, cerrar la puerta y acostarme en mi cama, perdía sentido.

Por eso es que les hablo a las esposas, para que realmente puedan transformar su vida con una relación genuina con Dios.

Mis emociones las amarro al Señor. Sé que hay muchas cosas que mi esposo, por más que quiera, no podrá llenar. El corazón del ser humano es insondable. Si mutuamente no somos plenos en Dios, juntos solo seremos una relación que sacia necesidades, sin una construcción sólida que cualquier viento podrá derrumbar.

Si no te sientes plena estando con o sin un hombre al lado… tus prioridades no están en el lugar correcto. Déjame decírtelo aún más claro:

Si algo o alguien logra desestabilizarte o estabilizarte más que el amor de Jesús, tienes un ídolo, tu seguridad está en un lugar frágil. ¡Mantente alerta!

Responde y examina conmigo un poco tu corazón:

MI DIARIO

- ¿Qué logra sacarte de las casillas?
- ¿Qué te calma cuando estás bajo mucha tensión?
- ¿Cuál es tu primer pensamiento en la mañana?
- ¿A quién acudes en primera instancia cuando tienes una necesidad?

No quiero hablarte de religión porque la religión mata. La letra y el conocimiento solamente no te van a ayudar a salir adelante y transformar tu vida.

Muchos cometemos el error de llegar a Dios y tomarlo como una carrera universitaria, en la que nos llenamos de conocimiento, pero no logra transformarnos porque no permitimos que realmente cambie nuestra manera de actuar.

Quiero animarte a que puedas evaluar si realmente tienes una relación con Dios, y si te das cuenta de que no es así, que vayas a sus brazos. Él está dispuesto y busca llenar tu corazón.

El egoísmo es un agente tóxico para tu matrimonio. Al decirle sí a tu esposo, automáticamente estás aceptando que tu vida es compartida, que tus decisiones no son solo tuyas, que tus necesidades no siempre van a ir primero.

Es más, si eres madre o lo quieres ser, el ser esposa es el primer paso para poner a los demás delante de ti.

Sé que muchas personas llegan a esta frase que te acabo de mencionar y dicen que no tiene que ser así, que el matrimonio no debe "amedrentar" a las esposas. La verdad es que anteponer las necesidades de los demás y evaluar qué tan egoístas realmente somos, no es irracional; de hecho, nos lleva a poder extender nuestra influencia y a ser mejores.

Una mujer con un corazón sano primeramente ama a Dios, cuida su relación y entiende que la fuente de sus vacíos se encuentra en Él. Sabe quién es, no basa su identidad en lo que los demás hacen o en lo que le dicen. Puede servir porque su corazón está firme y no mengua, por el contrario, cumplirá su propósito.

¿No me crees aún?

EL PRÍNCIPE QUE CAMBIÓ LA HISTORIA

Conozco a un príncipe muy afamado e importante cuyas acciones cambiaron la historia.

Él tenía todo el oro, joyas, piedras preciosas que podía imaginar, de hecho, si hubiera querido más, conocía la manera de hacerlo.

Todos los conocimientos sobre ciencia, tecnología y artes reposaban sobre él.

Tenía millares en sus ejércitos, nunca nadie ganó una batalla contra él.

Su pueblo le amaba, sus súbditos estarían contentos de dar su vida por él o de hacer lo necesario para tan solo poder servirle.

Un día, cuando viajó a una tierra lejana para conocer a su pueblo, se levantó delante de ellos sabiendo muy bien quién era, cuál era su identidad y que lo que estaba a punto de hacer no lo volvería menos que nadie. Se puso un delantal en su cintura, se arrodilló delante de unos sucios trabajadores y con agua les lavó sus pies.

El rey que todo lo tenía, que todo lo podía, que si hubiera querido tendría al pueblo entero sirviéndole, estaba allí, arrodillado y limpiando con sus propias manos las marcas del camino, los excrementos de los animales y la sangre de muchos días de marcha.

Ese príncipe es Jesús y si Él lo hizo, ¿por qué no podemos hacerlo nosotras?

Se acercaba la fiesta de la Pascua. Jesús sabía que le había llegado la hora de abandonar este mundo para volver al Padre. Y habiendo amado a los suyos que estaban en el mundo, los amó hasta el fin. Llegó la hora de la cena. El diablo ya había incitado a Judas Iscariote, hijo de Simón, para que traicionara a Jesús. Sabía Jesús que el Padre había puesto todas las cosas bajo su dominio, y que había salido de Dios y a él volvía; así que se levantó de la mesa, se quitó el manto y se ató una toalla a la cintura. Luego echó agua en un recipiente y comenzó a lavarles los pies a sus discípulos y a secárselos con la toalla que llevaba a la cintura.

—JUAN 13:1-5, NVI

Tenemos un ejemplo claro en Jesús. Cuando nuestra identidad no se encuentra alterada o mutilada, podemos decidir servir sin sentirnos menos; allí, cuando ponemos el radar en nuestro corazón para que las necesidades de nuestros esposos sean llenadas, afirmaremos la plenitud y la paz que previamente Dios ya puso en nosotras.

¿Sabes? Algo que aprendí del libro *Creada para ser su ayuda idónea* de Debi Pearl[1] es preguntarme a menudo qué puedo hacer para ayudar a mi esposo.

Nosotros tuvimos una época realmente difícil en donde estuvo muy enfermo y ningún médico encontraba qué tenía. En esos días, yo veía a mi esposo perder peso, guardar silencio, estar irritable y temer muchas cosas que no se atrevía a decir.

En esos días de tanta amargura y dolor para él, decidí convertirme en su sonrisa. Cada vez que llegaba de su trabajo, tenía su comida caliente, la casa arreglada y procuraba siempre contarle una historia que le hiciera sonreír.

Si eso no sucedía, bailaba, actuaba, decía payasadas, hasta que tarde o temprano, sacara una pequeña sonrisa. Allí sentía que mi trabajo había sido cumplido.

Hoy, años después de ese episodio, sigo amando hacerlo reír.

Puedo estar cocinando y comienzo a bailar o a hacerlo bailar para que salga de su rutina. Fácilmente puedo agarrar, tomar fuerza y caer encima de él para inmovilizarlo (o soñar que lo inmovilizo porque es más fuerte que yo) y hacerle cosquillas para sacarle risas.

Me gusta decirle cosas absurdas, apodos raros, hablarle con voces diferentes o juguetear mientras está a mi lado. Siento que la vida es corta para permanecer amargados y, aunque no muchos conocen esta faceta de mí, él sí.

Me encanta que de alguna manera, lo que yo haga pueda sacarlo de su ambiente y le quite el peso de la responsabilidad que como esposo puede recaer sobre él.

No sé qué te dice Dios que hagas por tu esposo. A lo mejor, su vida se arregle con que tan solo remiendes esas medias que tú detestas pero que él ama ponerse en las noches.

A lo mejor, sea dejarle ver ese partido de su deporte favorito mientras tú haces otra cosa o te sientas a su lado.

A lo mejor, sea cocinarle su plato favorito y servírselo delante de tus hijos con un trato especial. La honra y el respeto son los mejores regalos que podrás darle a él.

Por supuesto, nada de esto va a ser fácil si como niña mimada tienes tus ojos sobre lo que tú necesitas y esperas por encima de lo que puedes hacer por los demás.

> *Mi antiguo yo ha sido crucificado con Cristo. Ya no vivo yo, sino que Cristo vive en mí. Así que vivo en este cuerpo terrenal confiando en el Hijo de Dios, quien me amó y se entregó a sí mismo por mí.*
> —GÁLATAS 2:20

DEPENDENCIA INSANA

Aunque este tema va muy ligado al anterior, razón por el que se encuentra en el mismo capítulo, vamos a ver un poco más en detalle de qué se trata.

¿Sabes? A veces siento que he vivido mil vidas. Creo que una de las grandes ventajas de ello es haber pasado por muchas experiencias y poder identificarme con el corazón de tantas mujeres.

No soy ese tipo de mujer que siempre eligió bien, soy lo menos parecida a perfecta. (Aclaro que no hago referencia a mi autoconcepto o mi autoimagen, sino a la capacidad de elegir correctamente o de tener las cosas siempre controladas). Cada uno de los textos que escribo realmente los he vivido, y ha sido Dios quien me ha guiado a poder cambiar mi vida y ha sacado lo mejor de mí en cada uno de mis caminos.

Hace unos años, mientras estudiaba psicología, trabajé como cuidadora y terapista en un hogar para pacientes psiquiátricos.

Tenía los pacientes más *cool* y hermosos del mundo. Uno de ellos, a quien recuerdo con mucho cariño, era un erudito y estudioso. Había sido maestro de universidad y su pasatiempo era aprender.

Tenía un diagnóstico de psicosis y doble personalidad. Sus medicamentos le ayudaban a mantenerse "estable" durante las primeras horas del día y por la tarde sus emociones empezaban a transformarlo, haciéndolo ver sombrío y depresivo.

En las mañanas, lo invitaba a tomar jugo de naranja en un centro comercial cerca al centro donde vivía. Nos sentábamos durante horas a hablar de cómo se habían creado cientos de máquinas a lo largo de la historia, pero, lo que más me impresionaba, era que este hombre, gracias a lo alterada que estaba su mente, me contaba los relatos tal y como sucedieron científicamente pero con una variable: según él, había estado en cada uno de esos momentos.

Así que lo escuchaba contar cómo dio a luz la idea de la electricidad junto a Tesla, cómo logró ubicar las primeras ruedas de la primera bicicleta, cómo creó la masa para el pan, entre otras muchas historias.

Si alguien hubiese pasado a nuestro lado, nos habría visto como a dos amigos hablando de diferentes experiencias.

Él me contaba todo con una cantidad de detalles que eran sorprendentes. Para él, todo su relato era cierto. Estaba convencido de haber sido el más grande creador de la historia, pero la realidad es que era una unión de sus delirios y su conocimiento.

Su visión de lo que vivía distaba mucho de lo que todos conocíamos como la verdad, pero eso no le importaba. Él lo creía y, si así lo pensaba, esa era su verdad.

Porque cual es su pensamiento en su corazón, tal es él.
—Proverbios 23:7, rvr1960

¿Cuántas veces no somos iguales cuando nos creemos nuestra versión de la realidad sin tener en cuenta una perspectiva más amplia?

Aunque su situación puntual era química y biológica, sus pensamientos le distorsionaban la realidad. Él veía las circunstancias de otro tamaño. Podía ser muy amable en un momento y al minuto siguiente querer acabar con todo lo que tenía al frente. No podía diferenciar lo real de lo irreal a su alrededor. Era muy triste ver a alguien con tanta capacidad encarcelado en su mente.

Otro de los pacientes tenía esquizofrenia paranoide y era adicto a las drogas. Yo lo llevaba a terapia en un centro de psiquiatría. Las sesiones eran grandes círculos de muchas personas y familias hablando de la dependencia y la codependencia.

En esos círculos encontré a muchos amigos de la universidad que anónimamente iban a terapia para adicciones. Nos reuníamos con actores, modelos, cantantes, personas que tenían una vida "normal", pero luchaban todos días con una dependencia.

Las terapias no solo eran para los afectados directos, sino también para sus familiares, ya que cuando una adicción toca tu casa no solo te implica a ti, sino a todo tu hogar.

La dependencia se presenta cuando tienes una necesidad compulsiva hacia algo o alguien. Al presentarse genera una sensación de ahogo, de angustia, busca generar un control absoluto y enfermizo sobre el otro.

¿QUÉ PASA CUANDO DESARROLLAMOS RELACIONES INSANAS HACIA NUESTRO CÓNYUGE Y NOS CONVERTIMOS EN DEPENDIENTES?

Empezamos a manifestar distorsiones de la realidad, emociones desmedidas y somos controlados por nuestros deseos o necesidades de manera negativa.

Las personas dependientes pueden tener, entre muchas otras, las siguientes características:

1. Estar demasiado centrados en sí mismos: Cualquier circunstancia es una tragedia porque redimensionan los conflictos.
2. Problemas para comunicarse: Como viven para agradar al otro y le temen al rechazo, prefieren no comunicar su opinión claramente.
3. Baja autoestima: El autoconcepto del dependiente es bajo pues es medido por la aprobación de los demás.
4. Temor al rechazo o al abandono: Les paraliza verse solos enfrentando la vida diaria; la soledad les aterra.
5. Negación: Les cuesta ver la humanidad o los errores de la persona que es objeto de su dependencia.
6. No establecen límites saludables: Les cuesta diferenciar su vida de la de los demás y no ponen barreras.
7. Creen que pueden cambiar a las otras personas: Constantemente maquinan en sus pensamientos estrategias para manipular y cambiar a los demás.
8. Controladores: Quieren tener todas las circunstancias bajo su dominio y se frustran si algo pasa sin ser advertido por ellos.

Las personas que desarrollan una dependencia suelen vivir en relaciones tormentosas en las que fácilmente hay maltrato físico, verbal o psicológico. No pueden sentir paz y, como pareja, tienen picos emocionales con facilidad, así como pueden estar muy bien en un momento, al siguiente pueden estar destrozados y con ganas de acabarse mutuamente.

Uno de los grandes poderes de la dependencia es hacerte creer que necesitas el control de la vida del otro, pero no tienes el control sobre lo que sientes o lo que piensas.

La dependencia te quita la responsabilidad de ejercer dominio propio a tus necesidades y te impide ir a Dios para que Él llene tu corazón.

¿CÓMO ROMPER CON ESTA MENTIRA?

Todos nosotros solemos creer que hay pecados grandes o pequeños, mentiras grandes o "piadosas", necesidades asfixiantes o necesidades inferiores, milagros grandes o milagros pequeños, y la verdad es que delante de Dios, todas las cosas suelen ser iguales, ya sean grandes o pequeñas. Él sigue siendo poderoso, y la misma palabra que resucita a un muerto puede traer libertad sobre cualquier dependencia.

A continuación, voy a compartir contigo algo que aprendí de Dios en el proceso de sanidad que viví en mi cuerpo. Los pasos para la libertad en las diferentes áreas de nuestra vida son similares: En mi caso, me ayudaron a poner mi mente y cuerpo en sintonía con lo que Dios le decía a mi espíritu.

Este ejemplo podrá ayudarte no solo en la dependencia o en la sanidad, sino en cualquier necesidad que tengas delante de Dios.

El principio que opera en la libertad es el considerar la Palabra de Dios como una espada, la cual es capaz de entrar a tu mente y ayudarte a identificar los pensamientos que vienen de Dios y los que vienen de tus emociones o tu cuerpo.

> *Porque la palabra de Dios es viva y eficaz, y más cortante que toda espada de dos filos; y penetra hasta partir el alma y el espíritu, las coyunturas y los tuétanos, y discierne los pensamientos y las intenciones del corazón.*
>
> —HEBREOS 4:12, RVR1960

Tu mente, a lo largo de tu vida, ha aprendido maneras de razonar provenientes de tu pasado, tu nacionalidad, tu aprendizaje, tu predisposición biológica y demás. Todo lo que has vivido ha hecho que construyas "fortalezas mentales" o también llamados "paradigmas", que básicamente son modelos o estructuras de pensamientos.

Estos modelos tienden a enraizarse dentro de ti y formar tu conjunto de creencias, las cuales filtran tus acciones de acuerdo con lo que haya en tu cableado mental.

Es así que cuando desarrollas una dependencia, se vuelve una fortaleza mental que no necesariamente proviene de tu situación actual, sino que puede tener componentes de tu pasado, de tu historia familiar y desembocan en un presente con una mente sin la plenitud de Dios. ¿Entonces qué hacer?

Dejar que la Palabra de Dios renueve tu mente y quiebre todas estas fortalezas que se han levantado en tu interior para impedir que vivas la vida de abundancia que Dios te quiere dar.

> *Usamos las armas poderosas de Dios, no las del mundo, para derribar las fortalezas del razonamiento humano y para destruir argumentos falsos.*
>
> —2 Corintios 10:4

El proceso de libertad

Lo primero que debes hacer es entender que Dios no creó a las personas por la mitad, tu esposo no es tu media mitad. Ese mito de la media naranja quiébralo con un mazo, pues ha sido el causante de mucho dolor en las relaciones de hoy en día.

Hay muchas personas que creen que el origen de esta frase se encuentra en el génesis, cuando el Padre le retiró una costilla a Adán para crear a la mujer: Eva. En ningún momento en los primeros capítulos de Génesis se dice que Dios creó dos medias personas. Eva fue creada a partir de Adán, pero como una mujer andante y única. Al unirse con él y ser esposos, el misterio de hacerse uno no tiene que ver con dependencia o con una relación tóxica, tiene que ver con propósito y unidad.

Para aclararlo un poco más, la Palabra dice que nosotros en Jesús somos plenos y completos.

> *Dios puso todas las cosas bajo el poder de Cristo, y lo nombró jefe de la iglesia. Cristo es, para la iglesia, lo que la cabeza es para el cuerpo. Con Cristo, que todo lo llena, la iglesia queda completa.*
>
> —Efesios 1:23, TLA

El cuento de la media naranja más que romántico es dañino. Nos hace creer que no somos completas y nos lleva a depender de otra persona para ser felices.

Ve a la fuente de vida y llena tu corazón, permite que sea el Señor cambiando y colmando cada parte de tu ser. Es bueno que trabajes en tu capacidad de observarte y hacer un "diario" sobre los pensamientos de control que sueles tener. Identifica qué ideas demandantes tienes y observa en qué situaciones aparecen.

Luego de determinar qué ideas o desencadenantes de necesidad tienes, busca en la Biblia versículos que hablen sobre el dominio propio o sobre la necesidad puntual que hayas identificado. Memoriza, medita, repite esos versículos y llena tu corazón de la Palabra de Dios. Esta traerá libertad a tu alma y te ayudará a equilibrar tus emociones en la fuente de vida eterna.

Para resumir el proceso:

1. Entrega la situación al Señor.
2. Identifica en un diario (por escrito) qué pensamientos y emociones tienes a lo largo de tu vida.
3. De esas emociones o pensamientos, ¿cuáles son nocivos?, ¿cuáles son dañinos para ti o para otros?, ¿cuáles no van de acuerdo con lo que Dios dice?
4. Busca en la Biblia un versículo que hable del tema y memorízalo.
5. Cada vez que tengas en ti un pensamiento "nocivo", trata de repetir audiblemente lo que dice Dios de ti. Reemplaza los pensamientos negativos por la Palabra de Dios.

MEDICINA PARA IDEAS TÓXICAS QUE DESENCADENAN DOLOR EN EL MATRIMONIO

Voy a nombrarte algunos ejemplos de algunas ideas tóxicas que he leído en varias de las consejerías que nos han enviado a través de nuestra cuenta, y compartiré los versículos que yo usaría para reemplazar esas ideas.

Todas tienen que ver de alguna manera con el egoísmo, algunas con la soledad y otras con la dependencia; si te sientes identificada con alguna de ellas, levántate, vamos a trabajar y a ser libres para tener una vida mucho más gozosa y, como resultado, un matrimonio mucho más feliz.

Pensamiento: Me siento tan sola; él prefiere siempre a sus amigos, su trabajo antes que a mí. Siento que no me ama.

Emoción principal: Soledad, rechazo y falta de amor.

Versículo: "Para que habite Cristo por la fe en vuestros corazones, a fin de que, arraigados y cimentados en amor, seáis plenamente capaces de comprender con todos los santos cuál sea la anchura, la longitud, la profundidad y la altura, y de conocer el amor de Cristo, que excede a todo conocimiento, para que seáis llenos de toda la plenitud de Dios" (Efesios 3:17-19, RVR1960).

Meditación: Dios me ama, no estoy sola. Su amor por mí excede todo lo que pueda imaginar, me hace plena y me completa.

Pensamiento: Tengo miedo de que me deje. Tengo miedo de que no me ame.

Emoción principal: Temor, rechazo.

Versículo: "En el amor no hay temor, sino que el perfecto amor echa fuera el temor; porque el temor lleva en sí castigo. De donde el que teme, no ha sido perfeccionado en el amor" (1 Juan 4:18, RVR1960).

Meditación: El verdadero amor de Dios está en mí. Ese amor perfecto que dio por mí me permite estar segura y quita todo temor de mi corazón. No temo, Dios en su perfecto amor me ama y cuida de mí. Él me muestra la perfección de su amor en cada uno de mis días.

Pensamiento: Soy horrible. Detesto cómo me veo.

Emoción principal: Autorechazo.

Versículo: "Pues somos la obra maestra de Dios. Él nos creó de nuevo en Cristo Jesús, a fin de que hagamos las cosas buenas que preparó para nosotros tiempo atrás" (Efesios 2:10).

Meditación: Soy hecha por Dios, soy su obra maestra. Él me creó con un propósito y no se equivoca. Tengo el modelo y soy un pensamiento de Dios viviente.

Esta manera de meditar o profundizar en la Palabra de Dios te ayudará a ser libre de muchos pensamientos tóxicos, le dará libertad a tu alma y transformará tu mente.

Hay un versículo que dice que la fe es por el oír la Palabra de Dios.

Así que la fe es por el oír, y el oír, por la palabra de Dios.
—ROMANOS 10:17, RVR1960

No sé si notaste, pero este versículo repite dos veces "oír". Soy de las que creo que si lo dice la Biblia hay que prestar atención, pues Dios no comete errores de redacción.

De hecho, creo que ese oír, oír, oír, oír nos lleva a entender que hay algo en la repetición que va a levantar nuestra fe.

Repítete los pensamientos de Dios tantas veces hasta que se hagan tan tuyos que reemplacen los que antes controlaban tu mente.

Porque cual es su pensamiento en su corazón, tal es él.
—PROVERBIOS 23:7, RVR1960

Para finalizar este capítulo, ya que se abre el camino a las problemáticas más difíciles de los matrimonios, quiero animarte a que en los capítulos finales, encuentres conmigo algunas de las oraciones que te van a ayudar en tu matrimonio.

Dios quiere trabajar en tu hogar y que vivas una vida de abundancia, una vida de amor; plena, en donde sea tanta la gloria de Dios que todos puedan ver que tienes un Dios poderoso que hace posibles los imposibles.

Si tu matrimonio está en crisis, no pierdas la esperanza. Cuanto más oscura parezca la noche, más fuerte brillará la luz, más grande será el poder de Dios cambiando ambientes y transformándolo todo; pero amiga, el primer paso no será con tu marido, será contigo.

Una esposa firme en Dios es dinamita en el reino espiritual. Como esposas tenemos la oportunidad de crear ambientes físicos e invisibles. Podemos desatar el poder del Señor en la humildad de nuestro corazón, para que con paz y gracia los corazones más duros y fuertes sean transformados.

No sigas poniendo tu mirada en aquello que tu pareja debe cambiar; ven, y juntas veamos lo que Dios hará en nosotras.

MI DIARIO

¿Qué tanto egoísmo encontré en mí leyendo este capítulo?

¿Qué tan grande es mi dependencia hacia Dios?

¿Demando de mi esposo áreas y responsabilidades que realmente le corresponden a Dios?

¿Qué actitudes egoístas decido dejar el día de hoy?

Capítulo 10

EL DÍA EN QUE LOS CELOS FUERON DERROTADOS: INFIDELIDAD Y CELOS (SIN TAPUJOS)

INFIDELIDAD SIN TAPUJOS

PARA ESTE CAPÍTULO, voy a compartirte el testimonio de dos amigos a quienes amo mucho. En distintas ocasiones, han compartido conmigo y con muchas personas su historia y hoy en día tienen un maravilloso ministerio de restauración familiar.

Chuy es un hombre de iglesia, dedicado a trabajar en la obra, hijo de ministros ordenados y evangelistas, esposo de Analaura, una bella mujer mexicana que ama al Señor y a su esposo con un amor indescriptible.

Hace unos años, por diferentes circunstancias, se vieron en una situación en donde la separación era la salida más obvia. El trabajo de Chuy lo envolvía cada vez más, dejando a su esposa sola, con un vacío en su corazón e inseguridad constante.

En medio de muchas peleas y dificultades, llegó una tercera persona, alguien que comenzó a enredar el corazón de ella, llevándola a ver cada vez más grandes los defectos de su esposo y las necesidades de su alma.

> *Una infidelidad no llega de la noche a la mañana, es un trabajo que transcurre en nuestra mente y se mete al corazón; y es allí, en lo más profundo de nuestro ser, en donde debemos trabajar para sacarla.*
>
> —CHUY

Luego del "Ya no te amo", "Te odio", "No eres lo que quiero a mi lado", el matrimonio colapsó y se derrumbó.

Anita se fue a vivir con otra persona dejando a Chuy solo, con mucho dolor y rabia por la pérdida de su hogar.

> *Cuando no aplicas los principios de Dios en el matrimonio, tu casa va a tender a derrumbarse. Cuando oras y dices que Dios intervenga en tu hogar y le haces partícipe, es porque de antemano decides actuar y obedecer la Palabra y lo que Él demande de ti para hacer su voluntad.*
>
> —Analaura

Tras varios meses de dolor, Chuy decidió buscar de Dios como nunca antes lo había hecho. Fue un cara a cara con Dios fuerte y confrontante en el que pudo ver sus carencias y, consecuentemente, las de Anita. Al hacerlo, todo cambió. Cuando el Señor comenzó a gobernar cada parte de su vida, lo demás fue ajustándose.

Comenzó a orar por su esposa y a creerle al Señor por su hogar. Guiado por el Espíritu Santo, decidió llamarla para pedirle perdón por haber dejado de lado sus prioridades.

Pasaron días en los que Chuy, dedicado a lo que Dios le iba guiando, oraba y dejaba detalles para volver a enamorar a su esposa.

Tras meses de oración y de perseverancia, el Señor transformó la vida de ella y, finalmente, se acercaron. Decidieron volver juntos y permitir que el Señor reconstruyera su hogar.

No fue un proceso fácil. Ambos se comprometieron a ser parte activa de la sanidad del otro.

En los momentos en que ambos se sentían abrumados por los pensamientos, por la inseguridad o por la comparación, se unían y oraban.

Cada paso fue fortaleciéndolos y convirtiendo el dolor en un amor nuevo, más fuerte, más genuino, más valioso.

Actualmente, Chuy y Analaura Cantú son los pastores de Odeelia Church, un hermoso ministerio en Texas, cuyo fuerte son los matrimonios. Son mentores de parejas y, de hecho, han sido mentores de nuestra comunidad digital de "Diario para esposas jóvenes".

En muchas ocasiones, Analaura ha sido mi consejera, me ha ayudado a poner mi corazón en sintonía con el corazón de Dios. La sabiduría y el amor que Dios le dio para restablecer su matrimonio y hoy en día tener un hogar de tanto impacto, es sobrenatural. Necesitas conocerla. ¡Me bendice mucho!

El relato que acabas de leer es en realidad una historia larga a la que seguramente las letras no le hacen justicia por la cantidad de experiencias que vivieron, sin embargo, en su ministerio podrás encontrar más información sobre ellos e incluso ponerte en contacto para conocer más de cerca su testimonio.

En la comunidad *online* de "Diario para esposas jóvenes" hicimos una conferencia digital llamada *Infidelidad sin tapujos* en donde Chuy y Analaura nos compartieron algunos detalles de sus vivencias. Si necesitas más información, podrás encontrarla allí.

> *Siempre que el orden de Dios es quebrantado, hay desorden. Cuando en el hogar dejamos de poner al Señor antes que cualquier otra necesidad o prioridad en la casa, los dinteles del hogar van a temblar.*
>
> —ANALAURA CANTÚ

Si estás pasando por esta situación, el dolor, la frustración y la tristeza son muchos. No es fácil levantarse, pero sabes, ¡sí es posible!

Al comenzar a orar, tu vida va a tener paz. No necesariamente tiene que restaurarse todo como si nada hubiera pasado, pero sí tendrás tranquilidad para tomar decisiones bajo la guía del Señor.

Una frase que Chuy compartió en su conferencia y que me impactó bastante es la siguiente:

"Dios hace milagros muy grandes, no solo lo hemos visto en nosotros, sino en muchas otras parejas.

Cuando tu confianza ha sido fracturada, la batalla por tu seguridad es diaria. Ten presente que la paz y ese respaldo de que no volverá a suceder debes recibirlo primeramente de Dios antes que de tu esposo.

Si él no actúa como tú necesitas o como te gustaría, ve a Dios. Él podrá ayudarte en cada momento".

Cuando hay una infidelidad, varias cosas suceden en el hogar: temor, falta de confianza, dolor, ira. Lo primero que puede llegar a tu mente es: *¿por qué?*, *¿qué tenía la otra que yo no?*, *¿por qué no fui suficiente?*

El segundo pensamiento es: *¿qué hago ahora?*, *¿perdono o no?*, *¿y mis hijos?*, *¿y si lo vuelve a hacer?*

Cada caso es independiente, pero si en tu hogar ha habido una infidelidad, lo mejor que puedes hacer es buscar un mentor o consejero. En los capítulos finales te daré algunos consejos que podrás tener en cuenta al elegirlo.

¿QUÉ DICE DIOS?

El Señor ha manifestado claramente que la familia es su plan original. Dios es un Dios de matrimonios, de hecho, en las Escrituras claramente dice que a Él no le agrada el divorcio.

"Yo aborrezco el divorcio —dice el SEÑOR, Dios de Israel—, y al que cubre de violencia sus vestiduras", dice el SEÑOR Todopoderoso.

> *Así que cuídense en su espíritu, y no sean traicioneros.*
> —MALAQUÍAS 2:16, NVI

De acuerdo con la Biblia, el plan de Dios es que el matrimonio sea un compromiso para toda la vida.

> *Así que ya no son dos, sino uno solo. Por tanto, lo que Dios ha unido, que no lo separe el hombre.*
> —MATEO 19:6, NVI

No obstante, Dios conoce nuestros corazones, sabe que los seres humanos en nuestras fuerzas no podemos hacerlo y recalca constantemente la necesidad de su presencia para lograrlo.

Como está escrito: No hay justo, ni aun uno.
—Romanos 3:10, RVR1960

El mismo Pablo, con grandes palabras lo decía:

¡Miserable de mí! ¿quién me librará de este cuerpo de muerte?
—Romanos 7:24, RVR1960

Pero un versículo más adelante, da la respuesta a su necesidad.

Gracias doy a Dios, por Jesucristo Señor nuestro. Así que, yo mismo con la mente sirvo a la ley de Dios, mas con la carne a la ley del pecado.
—Romanos 7:25, RVR1960

En la Biblia, hay un versículo que habla que una infidelidad es motivo suficiente para acabar con el matrimonio. De hecho, lo habla Jesús y explica claramente el porqué de esto:

Moisés permitió el divorcio solo como una concesión ante la dureza del corazón de ustedes, pero no fue la intención original de Dios. Y les digo lo siguiente: el que se divorcia de su esposa y se casa con otra comete adulterio, a menos que la esposa le haya sido infiel.
—Mateo 19:8-9

Y aquí quiero llegar a un punto. Esposa, si la infidelidad llegó a tu casa, vas a tener que tomar una decisión: no perdonas, te amargas la vida entera y acabas todo o perdonas y avanzas, aquí decides con o sin tu esposo.

Si sientes que no puedes perdonar y que no quieres hacerlo, nadie más que tú puede tomar la decisión. Sé que fuiste herida y que el dolor puede parecer muy grande para volver a intentarlo. No te voy a mentir, perdonar va a ser un proceso en el que las cosas no van a sanar de inmediato, tal vez duelan más.

Por eso, está en ti elegir el camino y ser consecuente con tus decisiones tanto para continuar como para acabarlo todo. Si decides perdonar, viene algo muy importante. Tienes la opción de hacerlo de dos maneras: a tu manera o a la manera de Dios. Si es a tu manera, será con tus fuerzas y dar este paso será tan fuerte que sentirás morir o, incluso, que quieras abandonar en la mitad del proceso. No solo se trata de decir de la boca para fuera que decides intentarlo, sino también renunciar y dejar que Dios obre en la inseguridad, el rencor, el dolor, el miedo y la frustración que ahora mismo siente tu corazón y que necesita ser expuesto a la gracia de Dios para sanar.

Si es a la manera de Dios, me gustaría compartirte algo que Jesús mismo dice luego de los versículos anteriores:

> *Entonces los discípulos le dijeron: Si así son las cosas, ¡será mejor no casarse!*
> *No todos pueden aceptar esta palabra —dijo Jesús—. Solo aquellos que reciben la ayuda de Dios.*
>
> —MATEO 19:10-11

Amiga, de la misma manera, te quiero decir que entiendo que no sea fácil, entiendo la lucha emocional y mental que estás teniendo y que vas a tener, pero te animo a ser consecuente con tu decisión de perdonar. Levántate de la autocompasión y agarra con fuerza la mano de Dios para recibir su ayuda.

Si decidiste perdonar, el primer paso es saber el fundamento de tu decisión.

Si lo haces pensando que Dios va a cambiar la situación y se va a glorificar, tienes el corazón en el lugar indicado. Pero si lo haces pensando que tu esposo va a cambiar solo y que no lo hará de nuevo porque te lo prometió, te animo a que pongas tu casa sobre el cimiento de piedra.

De ahí, el siguiente paso es orar y poner tu corazón en manos del Señor. Dios es especialista en la resurrección. Jesús resucitó y ascendió a la diestra del Padre, y ese mismo poder que levantó a Jesús de entre los muertos puede restaurar tu hogar. ¿Lo crees?

Celos: ¡eres mío y de nadie más! ¿A quién estás mirando, eh?

Tanto si fue por causa de una infidelidad o de acciones de parte de tu pareja como si es por una necesidad emocional tuya, los celos no son sanos.

Si un pensamiento te quita la paz y siembra discordia, ¡alerta! No viene de Dios, no le glorifica, no te lleva a confiar en Él, sino que te lleva a desconfiar en función de lo que ves o piensas.

Tanto Sami como yo fuimos celosos en algún momento de nuestra relación. Aun a veces, hoy en día, yo misma he tenido que luchar con pensamientos de inseguridad en mi corazón y, gracias a Dios, he recibido paz para no estropear nuestra relación a causa del temor.

Cuando éramos novios con Samuel, ambos teníamos un historial de relaciones anteriores que nos habían lastimado, a quienes habíamos lastimado y que nos enseñaron a actuar de determinada manera en la relación. Samuel es lo que muchas consideran un hombre tradicional. No le gusta que publique fotos en traje de baño o con ropa muy provocativa (a mí tampoco), ni le gusta que cuente mucho de nuestra vida privada. No somos de esos que tienen amistades cercanas con hombres o mujeres únicamente. Amamos ser amigos de parejas casadas o de novios.

Pero cuando comenzamos nuestra relación, él tendía a ser un poco celoso. Una vez, al visitar el pueblo en donde vivía nuestra familia en Colombia, había unos muchachos haciendo una obra en la casa de mi abuelito, y él se molestaba si ellos me miraban más de lo normal o si hablaban conmigo. Recuerdo las palabras de mi papá Oswal, quien me decía que debíamos aprender a cuidar nuestro corazón de esas inseguridades, pues podrían quitarnos la paz y dañar el amor de ambos.

Cuando tuvimos que transitar parte de nuestra relación a distancia, su inseguridad le estaba haciendo mucho daño. Me contó cómo cierta noche oró al Señor, le entregó ese sentimiento y no continuó con actitudes de desconfianza hacia mí. ¡Fue orar y hecho estuvo!

Ahora bien, aquí hay algo que quiero contarles: soy una mujer que le dio estabilidad y tranquilidad a su corazón. No me vio, ni me ha visto hablando con hombres de manera sugerente. Sabe que cuido el corazón y los ojos de quienes me rodean para no enredarme. También sabe que, si bien no soy perfecta ni tengo un cuerpo glorioso, amo a Dios por encima de él mismo y no haría nada que dañara mi relación con Él. Ahora bien, yo también fui celosa y mi proceso no fue tan rápido como el de él. Mi talón de Aquiles eran las redes sociales.

LAS REDES SOCIALES Y LA INSEGURIDAD

Según un reporte, ha habido 28 millones de rupturas de relaciones amorosas (incluyendo matrimonios) por el uso de WhatsApp y una de las primeras causas de separaciones es gracias a la interacción móvil con la tecnología y las diferencias que se presentan gracias a las redes sociales.[1]

En mi caso, al principio de la relación, Samuel y yo tuvimos dificultades pues gracias a un disgusto que tuvimos en el noviazgo, se hartó de que su vida fuera conocida en internet. A esto, le sumaba que yo sabía que se hablaba con diferentes amigas, que hacía comentarios en sus perfiles y, como buena experta en redes sociales, podía descubrir hasta su más pequeño me gusta, y en cada uno de ellos poder imaginar y recrear la peor película de terror de los tiempos modernos.

Él decidió no volver a publicar nada de los dos, y yo en un arranque de poca madurez, en medio de una pelea lo eliminé y lo bloqueé para no tener contacto ni hacerme daño con lo que hiciera o no hiciera en sus redes. Fue tanto mi extremismo que hasta mi hermanita lo eliminó, para que yo no pudiera ver nada de lo que él hacía, no quería que nada me dejara saber de su vida.

Luego de perdonarnos, arreglar las cosas, casarnos y comenzar juntos la aventura del matrimonio, esta llaga que se había producido en un inicio en nuestra relación empezó a crecer.

Samuel vivió un luto al casarnos. Comenzó a entender el matrimonio con el pasar de los días y poco a poco fue cortando relaciones que no eran sanas para nuestro hogar. Yo no podía imponer que lo hiciera, de hecho, supe que esto pasó años después, cuando ya estábamos en otro nivel de intimidad.

Cada vez que veía su celular, una ola de desconfianza llegaba a mi corazón. Escuchaba consejos de diferentes mujeres para revisarlo, buscar sus claves, crear un perfil falso (en otra relación lo había hecho), pero nada de esto me daba paz, así que aunque fui tentada a hacerlo, bajo el temor o la duda nunca lo hice.

Llevábamos ya varios meses de casados y él no anunciaba nuestra relación ni ponía fotos conmigo, y mi inseguridad crecía cada vez más. Cuando le reclamaba, se volvía una herida muy peligrosa. Durante meses, con varios mentores y pastores hablábamos del tema y siempre llegábamos a la misma conclusión: si Samuel no quería publicar una foto juntos, no podía obligarlo. O vivía con eso y continuaba o me seguía martirizando día tras día.

Yo no era sabia, le reclamaba con gritos a Samuel, pasaba días llorando y queriendo que hiciera lo que yo necesitaba, le imponía, lo saturaba, le exigía de mala manera todo lo que quería.

Samuel, por su parte, cuanto más le decía, más se empeñaba en no hacerlo. Decía que eran sus redes sociales, su perfil personal y que no tenía por qué publicar algo conmigo en "su espacio".

Esposa, esto que te cuento tiene un final feliz, créeme. Hoy en día es muy diferente, pero el manejo de las redes sociales duró muchos años siendo una espada en nuestro corazón.

Esta pelea era intermitente en mi hogar. Múltiples veces le lloraba al Señor porque con la actitud de mi esposo sentía que me ocultaba algo, que le daba pena mostrar que estaba conmigo, que dudaba de lo que sentía por mí.

A esas alturas, no nos agregábamos en Facebook. No sabía si él publicaba algo o no y me daba pánico averiguarlo. Mi falta de identidad y de afirmación en Dios estaba creciendo tanto que quería depender de una publicación en las redes sociales para medir el amor de mi esposo.

Mi mamá constantemente me repetía que Dios no me enviaría a un hombre para hacerme sufrir, que esa inseguridad que sentía debía ser llena primero en Dios; que con el tiempo, las cosas se estabilizarían y esto no sería más un problema entre ambos, y así lo hice. Cada vez que me sentía insegura iba a Jesús y llena de lágrimas oraba. Luego, le decía claramente a mi esposo cómo me sentía y qué pensaba.

Hubo días de llantos y desesperación. Era un tema sensible para mí, pero cada vez que sentía perder una batalla con mis emociones, me levantaba, ponía mis pies firmes sobre Jesús y estaba dispuesta a intentarlo de nuevo, a dejar que Dios se glorificara tanto en mis caídas, como en mis victorias.

Tras meses actuando de este modo, Samuel empezó a cambiar su actitud y se volvió más amable. Me respondía con amor que me había elegido, que no tenía por qué desconfiar. Hubo un momento cuando este elefante puesto en medio de la sala que tanto me lastimaba se fue de mi mente y, al hacerlo, también se fue la amenaza que significaba en nuestro hogar.

Hoy en día, mientras escribo este libro, llevamos unos cuantos años apoyando a esposas a través de las redes sociales, y nos lanzamos a trabajar con matrimonios a través de nuestro pódcast y diferentes proyectos digitales.

Trabajamos desde los correos de ambos, usamos ambos teléfonos y conocemos nuestras claves. Pero aun con esta libertad, no ando husmeando o buscando entre sus cosas.

Cuando hemos tenido personas que nos han escrito con intenciones incorrectas o mensajes fuera de contexto, los compartimos y hablamos al respecto.

Todo esto no lo hubiera logrado en mis fuerzas. Es el Señor quien hizo los ajustes para que viviéramos esto que hoy en día tenemos. A veces uso su correo, lo veo viendo sus videos o hablando con sus amigos y, aunque el enemigo quiso poner una raíz de amargura entre nosotros, el Señor nos ha blindado con su sangre y nos ha unido para creer en Él antes que en nuestras inseguridades.

Con todo esto quiero decirte que nunca fue mi insistencia o mi necesidad la que hizo que llegáramos a un nivel de confianza como el de ahora; tampoco fue algo inmediato, fue un proceso que llevó años, pero gracias al cual puedo darte este testimonio.

Hace poco tuve una visita de mi mamá, quien por cierto ama a Samuel, y con mucho gozo me decía que veía cada vez más a Dios obrar en nuestro matrimonio. Al observar a Samuel, me contaba que lo veía completamente enamorado y comprometido conmigo. Recuerdo que terminó diciéndome: "Ese hombre realmente te ama, no dudes". Ella ha conocido toda nuestra historia, ha sido testigo de muchos de mis llantos y de mis vacíos emocionales, pero siempre estuvo orando y creyendo que, por encima de todo, el Señor tendría cuidado de ambos y podíamos llegar a estar mejor.

Querida esposa joven, las redes sociales pueden ser una gran herramienta para bendecir a muchos, para conectar, para animar, pero también para destruir.

Recuerdo a una amiga que estando casada y con su primer hijo empezó a sentirse poco valorada. Debido a que su esposo trabajaba constantemente fuera del hogar, su soledad comenzó a tejer dolor en su corazón. Así que un día, con curiosidad, agregó en sus amigos digitales a uno de sus exnovios.

¿Qué pasó? Comenzaron a hablarse, a preguntar sobre sus vidas; al pasar los meses, se daban cuentas y detallaban sus días a través del chat. Más adelante, él terminó diciéndole que sabía lo infeliz que estaba, que aún la amaba y que estaba dispuesto a darle toda la atención que su esposo no le daba.

Cuando hablé con ella, su corazón estaba dividido. Estaba empezando a enamorarse nuevamente de su exnovio y veía defectos cada vez más grandes en su esposo.

Una puerta pequeña se abrió y se volvió una amenaza con el potencial de destruir su hogar.

¿CUÁNTAS VECES DEBO REVISAR LAS REDES SOCIALES DE MI PAREJA PARA EVITAR LA INFIDELIDAD? ACUERDOS PARA LAS REDES SOCIALES

Sé que el título te llamó la atención y mi respuesta es NINGUNA.

No puedes evitar que tu esposo sea infiel siendo una policía sobre cada una de sus acciones.

No soy de las que creen que se deba compartir obligatoriamente las claves, los correos y demás. Y gracias a lo que vivimos, no soy de las que revisan a quién mi esposo le puso me gusta o a quién le escribe un mensaje privado. Mucho menos creo que en contra de un acuerdo previo se viole la privacidad accediendo al celular o a su computadora.

Hay algo en cuanto a la fe y al temor y es que, en sí mismo, el miedo es un tipo de fe negativa. Si constantemente estás sembrando semillas de desconfianza en tu matrimonio, estas van a crecer y van a afectar tu relación en la misma intensidad que les prestas atención.

En cuanto a cómo manejar las redes sociales una vez que ya estén casados, creo que la decisión debe pertenecer a cada matrimonio y dar paz. Siéntense juntos, establezcan límites y háganlo fundamentados en los propósitos de la vida digital de ambos. Las redes sociales no son malas. Como Iglesia debemos capacitarnos para sacar el mejor provecho, en vez de demonizarlas y alejar el beneficio y los múltiples ámbitos a los que nos permite llegar el uso de la vida digital.

Por mi parte, no podría tener una cuenta de esposos en lugar de mi perfil personal, ya que mi trabajo y mi propósito se expresan bastante a través de mi vida digital. Además, a Samuel no le agrada mucho el tema de la exposición.

Cualquier acuerdo que se haga, debe estar basado en el respeto y el amor. No te impongas, no hagas nada cuando la inseguridad sea el motor de tus hechos, ve a Dios. Cuida tus fotos, cuida tu imagen, cuida tus comentarios. Todo lo que haces habla de ti y da a conocer cómo es tu hogar.

Como saben, como comunicadora, las redes sociales son importantes para mi trabajo. He trabajado como estratega digital durante varios años y sé que un perfil expresa mucho más que sus *posts*. Una foto puede comunicar tus necesidades más personales, un comentario puede hablar de lo que hay en tu corazón, incluso la ausencia de publicaciones también comunica algo.

Veo que muchas veces creemos que Dios no es un Dios actual para las problemáticas que enfrentamos hoy en día, a diferencia de cuando la Biblia fue escrita. Sin embargo, eso es mentira. Dios le habla a las esposas de este tiempo con frases como:

¿Tienes temor de lo que tu esposo hace en las redes sociales? ¡Ve a Dios! No puedes taparle los ojos a tu esposo para que solo te mire a ti. Más que el compromiso contigo, lo que mantiene fiel a un hombre es el amor y el respeto a Dios.

> *En esa clase de amor no hay temor, porque el amor perfecto expulsa todo temor. Si tenemos miedo es por temor al castigo, y esto muestra que no hemos experimentado plenamente el perfecto amor de Dios.*
>
> —1 JUAN 4:18

Suelta esa necesidad de control. Por más que verifiques si tu esposo se arregló, se puso más o menos perfume, huelas su ropa cuando llegue a la casa, busques muestras de una infidelidad, ¿qué ayuda trae a tu vida hacerlo?

> *Porque todavía están bajo el control de su naturaleza pecaminosa. Tienen celos unos de otros y se pelean entre sí. ¿Acaso eso no demuestra que los controla su naturaleza pecaminosa? ¿No viven como la gente del mundo?*
>
> —1 CORINTIOS 3:3

Si hay algo que creo es que quien quiera ser infiel lo hará delante o detrás de ti. Basta un par de segundos para que cualquiera de nosotros cedamos al pecado.

Por eso, le doy gracias a Dios por su amor y presencia. Veo al Padre muy pendiente de los hogares cristianos. Lo veo cuidando con celo y fervor a los esposos con propósito, pero también sé que si tú no sueltas el control, si no le das lugar, Él te dejará a cargo, y tanto tú como yo sabemos que por más que queramos ponerle un candado al pantalón de nuestro esposo, si Dios no está en medio, nada lo detendrá.

¿Realmente crees en el poder de las palabras que día a día le dices a Dios en tus oraciones? Si es así, ¿por qué insistes en demostrar tu falta de fe con tu inseguridad?

CUIDADO CON TUS INSEGURIDADES

Karina, otra chica a quien aconsejamos hace unos años, aprendió esto con mucho dolor. Empezó a sentir celos de su amiga, una hermosa mujer rubia y madre soltera con quien solía encontrarse en varios lugares. Comenzó a compararse y fue tanta su persistencia con el tema, que la invitaba a la casa, andaba con ella constantemente, pero por dentro se sentía mal por no ser igual.

En esas reuniones, su esposo, Charles, y Darian, su amiga, se conocieron. A él nunca le habían gustado las rubias, así que la saludó y en su corazón no sintió ninguna atracción (esto lo supimos porque pudimos conocer muy íntimamente su versión de la historia). Pero Karina empezó a hablar con Charles todo el tiempo de Darian. Cada vez que se encontraban los tres, al quedarse solos, los esposos discutían porque, según Karina, Charles tenía movido su corazón hacia Darian. Él le repetía que no era así, se lo afirmaba; sin embargo, esta historia se presentó varias veces por un par de años.

Karina le decía a su esposo que Darian era más bonita, que él debía de sentir algún tipo de atracción hacia ella, que viera cuán buena ama de casa era, lo bien que se veía su cuerpo a pesar de los hijos y los años que tenía.

¿Qué pasó? Con tanta insistencia de Karina sobre Darian, Charles comenzó a verla con otros ojos. Hoy en día, el matrimonio se disolvió, Charles se fue a vivir con Darian y Karina se quedó sola.

Sé que Charles no es eximido de su gran responsabilidad al acabar su relación. También sé que esto se sumó a muchos otros problemas que internamente tenían, pero si hay algo que me impactó escuchar, cuando conocí su historia, fue cuando él nos dijo que nunca en su vida se habría fijado en una mujer como Darian, pero que las constantes frases de Karina en su mente, hicieron que pensara en ella todo el tiempo y, al igual que su exesposa, las comparara y deseara estar con ella.

Debido a su fe, así se hará.

—MATEO 9:29

Los temores del perverso se cumplirán; las esperanzas del justo se concederán.

—PROVERBIOS 10:24

En resumen, ¿sientes celos?, ¿son justificados? ¡Ve a Dios!

Entrégale tus cargas al SEÑOR, y él cuidará de ti; no permitirá que los justos tropiecen y caigan.

—SALMOS 55:22

Hace unos días, a raíz de un trabajo que teníamos con Samuel, tuvimos que ir varias veces a una tienda de comida rápida muy famosa en la que sus meseras tienen ropa provocativa. La primera vez fui sola, pero la segunda tuvo que ir Samuel.

Tuve la opción de decirle: "No, ni se te ocurra entrar donde esas mujeres que le sonríen a todo el que entra. Aléjate de ellas. ¡Tú eres mío! Si miras a una de ellas, aunque sea de camino al baño, ¡te dejo de hablar por un mes!".

Pero no fue así. Tranquila, le hice un par de chistes, me quedé en el auto mientras hacía algo que tenía pendiente, mientras él fue rápidamente y volvió.

Yo no soy quien tiene que estar encima de mi esposo determinando qué ve o deja de ver. Dios es su Dios, conoce sus pensamientos y a Él le tiene que dar cuentas.

Cuando regresó, me miraba con una sonrisa esperando ver si estaba celosa, y no fue así. Ambos hemos entendido que si estamos juntos no es porque estamos obligados a hacerlo, es una decisión que constantemente tomamos. Yo elegí a Samuel y él me eligió, ambos tenemos lo que queremos. No quiero ser su plato obligado, quiero ser y despertar siempre en él su única y determinada elección.

Si hay algo que me ayudó a dejar la inseguridad fue entender eso. No tengo que obligar a Samuel a que esté conmigo por compromiso y parecer un perro detrás de todo lo que él haga. No, esa no es mi función de esposa.

El más interesado en que nuestro hogar esté firme es nuestro Padre. Cada uno debemos dar cuenta de nuestros actos y si no es mi rol o responsabilidad, cualquier cosa que haga sin la sabiduría de Dios no va a dar frutos.

¿CÓMO PREVENIR UNA INFIDELIDAD?

Esposa joven, por más que quieras, la infidelidad no se previene con los celos, es más, tus temores no son un candado para sus hormonas. Quien quiere ser infiel lo hará con o sin ojos encima. No es tu rol cuidar sus intenciones, descansa en Dios.

Una infidelidad tiene muchas etapas. Hay algunas en las que tú tienes parte y en otras no. En las que puedes hacer algo, ¡hazlo con amor y los ojos puestos en Dios!

Los hombres son visuales, lo he repetido varias veces. Esto no tiene que ver con medidas 90-60-90 y mucho menos con la edad. Ya lo hablé antes, cuídate, báñate, péinate, ponte perfume. Ponte linda por ti y para tu esposo, que sienta que para ti es importante lo que para él es.

No todos los hombres se enloquecen o les gusta ver a sus mujeres en ligueros rojos y tacones de tres metros. Hay algunos a los que un *jean* y una camisa bonita con un pelo limpio les gusta. ¿Sabes cómo le gusta verte a tu esposo?

Otra cosa que a menudo veo que las mujeres podemos hacer y no hacemos es tener una personalidad o un carácter agradable. ¿Qué es lo primero que ve y escucha tu marido cuando llega a tu casa? El desorden y la gritería de los niños, los gritos de tus necesidades de madre y mujer desanimada, las peleas por los zapatos fuera de lugar, la crema de dientes regándose y la basura sin sacar... ¿Qué de eso te parece que te hace atractiva?

A veces las mujeres creemos que es el deber de los hombres amarnos porque hay una firma de por medio que certifica un matrimonio, pero ¿puedes inspirar a tu esposo a amarte locamente más allá de ese papel?

Revisa qué tan agradable es compartir tiempo contigo todos los días. La rutina puede transformarnos y, si no estamos pendientes de hacer un cielo en nuestra casa, nuestra actitud la puede convertir en un infierno y, que yo sepa, no hay muchas personas disponibles a pasar una vida de amargura sin tener que hacerlo.

> *Una esposa que busca pleitos es tan molesta como una gotera continua en un día de lluvia. Poner fin a sus quejas es como tratar de detener el viento o de sostener algo con las manos llenas de grasa.*
> —Proverbios 27:15-16

¿Gotera o corona? ¿Fastidio u honra? ¿Qué inspiras y qué generas en tu esposo?

> *Una esposa digna es una corona para su marido, pero la desvergonzada es como cáncer a sus huesos.*
> —Proverbios 12:4

Para finalizar, ¿quieres saber el secreto más grande y el consejo más importante para prevenir una infidelidad y cultivar la lealtad en tu hogar? ¡Estimula el crecimiento espiritual de tu esposo! No le cortes las alas.

Anima a tu esposo a llegar a niveles de intimidad más profundos con Dios. Si canta, sé su mayor admiradora; si predica, sé su primer oyente; si lava baños, sostén con orgullo el balde. Tu actitud es el mayor halago que tu esposo va a recibir, trátalo como rey y te verá como reina. Dios es fiel. Al final del libro compartiré algo que de verdad cambiará el ambiente de tu hogar.

Si tu esposo no conoce a Dios, que tus acciones se lo den a conocer. Predica con tu amor.

Tú eres una hija de Dios. Él quiere que tu familia sea guardada y que resplandezca con luz sobre las multitudes, pero vas a tener que renunciar a hacerlo a tu manera o en tus fuerzas para poder ver un verdadero milagro. Carácter no es imponerte y "proteger lo tuyo", carácter es que cada acción que hagas, la realices confiando en que Dios te guiará y que lo que tú sueltas, Él lo guardará.

Como todos los días lo digo en mi programa de radio, quiero que ahora que hablamos de temas tan importantes y dolorosos puedas verlo: si Dios está con nosotros, si creemos en su poder, si permitimos que vea nuestra vulnerabilidad y nos rendimos a su magnificencia, podemos estar tranquilas. #CeroEs3.

MI DIARIO

¿Siento celos?

¿En quién pongo mis ojos cuando siento celos?

Dejar de sentir celos parte de una decisión, ¿decides dejar de ser celosa?

¿En qué momentos es más difícil controlar los celos?

¿Qué voy a hacer para evitar que esas emociones me controlen?

Capítulo 11

EL DÍA EN QUE ME SENTÍ UNA REINA SIN CORONA, CASTILLO NI REINADO. ¿EN DÓNDE ESTÁN MIS SUEÑOS?

CUÁNTAS VECES HE escuchado la frase: "Me casé y me olvidé de mí misma".

La química del enamoramiento es muy fuerte. En los procesos de transición nos olvidamos de lo importante y nos dejamos guiar por lo urgente. Esto hace que mientras estamos enamoradas y recién casadas, nos sintamos en un idilio en el que la plenitud y la felicidad son constantes.

Pero, al ir pasando esta etapa, cuando miramos a nuestro alrededor, nos podemos encontrar con que los sueños, las "libertades", los tiempos para nuestras necesidades ya no están con la misma intensidad de antes.

Si eso te ha pasado, no te afanes.

Tus sueños, esposa joven, no mueren. Quizás los olvides o los dejes a un lado, pero puedes retomarlos.

Eso sí, sin olvidar que ahora tu rol principal es otro. Tus prioridades deben estar lo suficientemente claras para poder realizarte sin destruir tu hogar en el trayecto.

Siempre he dicho que primero soy esposa y en el tiempo que me sobra me encargo de mis demás responsabilidades.

Eso me ayuda a saber qué elegir; también me da un equilibrio saludable entre mi trabajo, mis sueños y mi vida.

Pasé varios años trabajando desde mi casa a través de internet y cuando volví a trabajar fuera de casa me costó bastante. Sabía que ahora tenía que organizar mejor mi tiempo. A los pocos meses me hablaron para escribir el libro, por ende, las redes sociales y mis diferentes proyectos fueron afectados hasta que pude ordenar mis prioridades.

Ahora bien, les cuento un secreto: gran parte de la realización de mis sueños viene por obedecer a mi esposo cuando él me dirige. Dios le ha dado una sabiduría especial para saber cuándo invertir, cuánto y en qué momento lanzar cualquiera de mis proyectos.

Muchas veces me frustro porque siento que en su visión no caben mis sueños, pero no es así. Cada uno de sus "no" ha sido una gran bendición para mi vida al transcurrir el tiempo. Dios se ha encargado de poner una visión conjunta a medida que decido confiar en Él a través de las decisiones de mi esposo.

Tengo una personalidad muy dadora y amorosa. Quiero decirle sí a todo y ayudar a quien me busca, pero muchas veces esto nos ha metido en problemas, pues en ese mismo afán de ayudar paso por encima nuestras prioridades como matrimonio. Por eso, en la medida en que han pasado los años, me encanta el equilibrio que Samuel trae a mi vida. Los dos somos dadores, pero él es cero emocional. Su sí es sí y su no, no. Cuando se da cuenta de que hay algo que quiero hacer y no siente paz, me habla y creo en su discernimiento. Con el tiempo, siempre ha tenido la razón.

Esposa, tus sueños no se pierden. ¡Rescátalos! Pero ora a Dios para alinearlos y edificarlos con la visión de tu hogar. Créeme, si esos sueños fueron puestos por Dios, todo calzará ¡perfecto! (Con algo de esfuerzo, eso sí, pero lo hará).

Hace unos meses, Olga, una amiga quien tiene dos hijas, me hablaba de lo cansada que estaba de dedicar su tiempo a su hogar, verse en el espejo con libras de más y no poder salir de su casa sino cada cuatro o cinco días.

En una de esas tardes, su esposo llegó tarde del trabajo y se encontró con que la cena no estaba lista; ella aún vestía ropa de dormir, ya que no había podido sacar el tiempo para arreglarse durante el día y las niñas estaban sin cambiar los pañales, una llorando más que la otra. Cuando Juan, su esposo, llegó, se puso de muy mal humor y en vez de ayudarla, salió molesto de la casa a comprar una hamburguesa y pasar tiempo lo más lejos posible, en sus palabras, de todo ese "desastre".

Por otro lado, conozco a otra mujer, Andrea, quien tiene dos hijos, uno de cinco y otro de siete. Su casa está siempre perfectamente arreglada y limpia, hace la comida para todos en su hogar y trabaja ocho horas al día en un taller de ropa. Cuando su esposo llega a casa, siempre la encuentra sonriente, incluso se "pelean" graciosamente el turno de quién hace la cena de quién, ya que ambos disfrutan cocinar y servir al otro. ¿Cuál es la diferencia?

La organización del tiempo, y lo sé porque con ambas he hablado y de ambas he aprendido.

Mientras Olga acompaña todo su día con sus series favoritas, pasa tiempo constantemente en su celular y no abarca las responsabilidades de su hogar con orden, Andrea comienza una tarea a la vez y termina todo lo que inicia. De esta manera, aunque Andrea tiene menos tiempo, genera menos desorden que su homóloga.

Esposa joven, al casarnos, nuestro tiempo deja de pertenecernos completamente. Tenemos responsabilidades que requieren que nos organicemos y aprovechemos cada pequeño instante para tener un mejor ambiente en el hogar.

Muchas veces, señalamos a los hombres por ser indolentes y descuidados ante la cantidad de tareas que tenemos en la casa, pero la verdad es que nosotras mismas no hemos aprendido a priorizar nuestras necesidades.

Yo soy un intermedio de ambas. No soy de manera natural la mujer más organizada y detallista, de hecho, soy bastante distraída y algo demorada para hacer las cosas; pero tampoco soy caótica. Me gusta mantener las cosas bonitas y hacer de nuestra casa un lugar agradable para mi esposo y para mí.

He entendido que si al llegar del trabajo mi marido solo ve desorden y suciedad o una esposa descuidada no va a causarle el mismo efecto que ver los pisos limpios, tener la comida servida o caliente, un buen perfume y una blusa bonita.

Los detalles pueden hacer de tu hogar un cielo, no te frustres por no contar con el mismo tiempo de antes, solo administra mejor lo que tienes.

Mis sueños vs. mi matrimonio

Con respecto a esto, soy bastante concreta. Si mi sueño me aleja del propósito de mi hogar, no es para mí o no es el tiempo. No quiero dar ningún paso que me aleje de lo que Dios quiere que haga, hay tiempo para todo.

> *Hay una temporada para todo, un tiempo para cada actividad bajo el cielo*
>
> —Eclesiastés 3:1

Desde el momento en que decidimos casarnos, nuestros sueños no se derrumban, pero sí se ajustan.

Algo que me gusta mucho del ejército judío en el Antiguo Testamento es que cuando un hombre se casaba, tenía un año para que pudiera dedicarse a su hogar antes de volver a la guerra.

> *A un hombre recién casado no se le debe reclutar para el ejército ni se le debe asignar alguna otra responsabilidad oficial. Debe estar libre para pasar un año en su casa, haciendo feliz a la mujer con la que se casó.*
>
> —Deuteronomio 24:5

Dios sabe que cuando comenzamos nuestro hogar, vamos a necesitar tiempo para dedicarnos a establecer los fundamentos, tiempo para conocernos, tiempo para adaptarnos.

Ese lapso no tiene que matar todo a tu alrededor, tampoco significa que pierdas de tu mirada tu trabajo o tus responsabilidades. Esto habla de lo importante que es para el Señor que administres tu tiempo y lo distribuyas de acuerdo con las prioridades de tu vida.

Si estás comenzando tu hogar o si estás criando a tu bebé, debes saber que es solo una temporada: disfrútala y enfócate. El tiempo de cumplir las cosas que tanto anhelas ya llegará; mientras tanto, no pierdas el entusiasmo ni la intención. ¡Prepárate!

Mientras estás en casa, ¿qué tanto estás aprendiendo para tu siguiente etapa?, ¿cuántos videos de cursos en línea has visto?, ¿será que las fotos de tus amigos del colegio y las de los famosos te están robando el tiempo para cultivar y prepararte para tus sueños?

MI ESPOSO SE OPONE A MIS SUEÑOS. ¿QUÉ HAGO?

Hola Lala:

Soy Brenda. Conocí tu página porque una amiga me etiquetó en una de las publicaciones. Cuando comencé a leerla, el dolor y la frustración no me permitían ver más allá de una cantidad de palabras que me lastimaban.

Me casé siendo cristiana, pero mi esposo no. Era un hombre que en el noviazgo se mostró caballeroso, emotivo y tierno. Incluso me acompañó un par de veces a la iglesia para demostrarme que amaba a Dios y que podría cuidarme como yo esperaba.

El problema surgió al casarnos, ya que nunca volvió a ir a la iglesia y me empezó a prohibir que yo fuera.

En ese momento, yo estudiaba y él me peleaba. Se ponía celoso de todos mis amigos. Cada vez las cosas se ponían peor y no entendía lo que Dios me estaba haciendo pagar al tener que aguantarme a este hombre.

Pero, cuando comencé a leer tus posts, entendí que Dios me hablaba para buscar una solución. Decidí confiar y, como tú me dijiste, "sembrar amor aun cuando me doliera".

Mi esposo fue cambiando; a medida que yo lo afirmaba y le decía que lo amaba, fue dándome espacio para ir a estudiar. Cuando no me dejaba ir a la iglesia, dejé de quejarme y le preparaba el desayuno mientras me arreglaba como si fuera a salir.

Él me preguntaba por qué me había arreglado así y yo le decía que era para él, que lo amaba y que creía que Dios nos acompañaba en nuestro matrimonio.

No fue fácil. Muchas noches me fui llorando a los pies del Señor orando para ver un cambio. Recordaba las palabras de tu post que decían que si en un minuto cambió a Saulo en Pablo, mi esposo necesitaría un solo segundo para ser otro si yo como esposa creía que Dios estaba a cargo.

Un domingo, se levantó, me vio arreglada y me preguntó si quería ir a la iglesia. De inmediato le dije que sí. Así que dijo que si ahí era en donde me habían enseñado a amar como yo lo amaba, debía ser un buen lugar. Me dijo que quería conocer a mi Dios.

Ese día, él hizo la oración de fe y todo en mi vida cambió.

Poco a poco, hemos mejorado la comunicación y me apoya en mi estudio. Vamos juntos a la iglesia y cada vez más vemos el poder de Dios sobre ambos.

Gracias por enseñarme que Dios es real y que una esposa que ora puede ser la herramienta de Dios para grandes milagros.

Sé que esta historia se puede repetir en muchos hogares y que, al igual que este maravilloso testimonio, Dios tiene el poder para obrar milagros.

Tal vez tu esposo te deje estudiar, pero no te apoye para pagar esa carrera que sueñas, no te ayude a sacar el tiempo para ir al gimnasio o compartir con tus amigas.

En la rutina, fácilmente podemos sentir que perdemos nuestra identidad, pero esto no debe desenfocarnos y mucho menos hacer que veamos a nuestros esposos como los enemigos. Si tu actitud es correcta, estoy segura de que lo que tú sueñas se va a cumplir, ten paciencia.

Sabes, yo realmente creo que el matrimonio es un terreno espiritual, incluso más de lo que a diario percibimos. Debemos aprender a movernos en las dos realidades o dimensiones: la natural y la sobrenatural.

La sobrenatural equivale a que actúes como Dios te dice que actúes, incluso aunque los resultados no sean los que esperas de manera inmediata. Todo hombre tiene la posibilidad de escuchar, siempre y cuando se le hable en el momento y con el lenguaje adecuado. Si quieres estudiar o hacer cualquier otra cosa y tu esposo se opone, no te enfrentes a él. ¡Ve a Dios! Suelta el control de querer que los demás respondan como tú necesitas que te respondan.

No demuestres con tus respuestas falta de respeto o mala actitud por no tener lo que quieres. Ora, ama, comunícate sabiamente y deja que Dios obre en el corazón de tu marido.

De hecho, cuando vayas a hablar de temas que no sean fáciles para ambos, no te armes con estrategias diabólicas llenas de ira y manipulación. Deja de lado el "si no haces esto yo...". Cuando presentes un tema importante dentro de tu hogar, si sabes que puede generar conflicto, no lo hagas sin orar. Pide gracia y favor a Dios delante de tu esposo. No lo ataques cuando llegue del trabajo o cuando está cansado, sino hazle una comida, busca el momento, deja que Dios te guíe y las puertas se abrirán.

Es posible que haya momentos en los que las cosas no se den como esperas. ¿Realmente crees que se le escapan a Dios?

Aunque sea tu esposo quien hable, si Dios ha determinado algo para tu vida, se hará.

No quieras tomar a la fuerza lo que ya es tuyo. Sé paciente, enfócate en Dios, en confiarle a Él las decisiones que se toman en el hogar y lo demás se dará por añadidura.

Ahora bien, casi que puedo leer los pensamientos de varias esposas reclamándome y diciéndome que por qué tienen que soportar esto y aguantar, que si acaso no son iguales a sus esposos, que por qué ellos tienen el "poder" de destruir sus sueños. ¡Para allá voy! En el siguiente capítulo hablaremos del tema.

Capítulo 12

EL DÍA EN QUE QUISE SER
IGUAL A MI ESPOSO: ROLES

M**I ESPOSO NECESITA** respeto como yo necesito amor.

El tercer gran enemigo que voy a nombrar en este libro, luego de la idealización, y del egoísmo, está relacionado con los roles.

Las mujeres y los hombres somos diferentes. Esa diferencia no tiene nada que ver con superioridad como suelen levantarse muchos argumentos, sino tiene que ver con el diseño y el equipamiento.

Cuando Dios creó a Adán, lo hizo con una estructura física específica, un cableado en su cerebro determinado para tomar decisiones y visualizar la meta que le había sido encomendada.

En el Edén, Adán era creativo. Podía resolver situaciones que se presentaban en los confines de cada rincón del jardín. Cuando tuvo que ponerle nombre según su atributo a cada animal, lo hizo con presteza, con amor y con disciplina. Su misión era cumplir su propósito, administrar el huerto, guardar el terreno y conocer sus alrededores.

Pero Dios, vio que algo le faltaba, así que creó su ayuda idónea.

En ella tardó más tiempo. El corazón del Padre la hizo con delicadeza y de un material más elaborado y menos "orgánico" que el del hombre.

El hombre fue creado del polvo, la mujer de Adán.

En el diseño escogido para Eva, Dios puso empeño para poner en ella aspectos especiales y esenciales que Adán no tenía y que ayudarían a que la tarea encomendada al primer hombre fuera cumplida con éxito.

Aunque no hay muchos detalles sobre la personalidad de Eva, creo que tuvo las siguientes características:

Estoy segura de que al verla, Adán notó que físicamente no era igual a él.

Sí, ¡no era igual! Aunque tenían las mismas piernas, las mismas manos y estructura, seguramente habría cosas que ella, con su forma física haría que él no podría hacer, como también habría cosas que Adán debía cumplir que ella no podría hacer.

Adán no tenía senos grandes, no tenía esas caderas prominentes como tampoco tenía esa dulce voz.

Desde el principio de la creación, tanto en su cableado interno como en su diseño biológico, Eva en su cuerpo tenía marcado su propósito: madre de todos los vivientes. La vida iba a crecer en su interior y sus palabras iban a crear y afirmar el propósito de su esposo.

Hoy en día, todo este proceso de creación y organización se ha vuelto un caos cultural. El ser diferentes y tener asignaciones especificas fue transformado a través del tiempo en un concepto de superioridad e inferioridad. ¿En qué momento perdimos el propósito?

Dios, a través de su Palabra, ha hablado múltiples veces para restaurar y honrar a las mujeres.

> Ya no hay judío ni gentil, esclavo ni libre, hombre ni mujer, porque todos ustedes son uno en Cristo Jesús. Y ahora que pertenecen a Cristo, son verdaderos hijos de Abraham. Son sus herederos, y la promesa de Dios a Abraham les pertenece a ustedes.
>
> —GÁLATAS 3:28-29

Cuando Dios encuentra una mujer que le agrada, la exalta constantemente:

> ¿Quién podrá encontrar una esposa virtuosa y capaz? Es más preciosa que los rubíes.
>
> —PROVERBIOS 31:10

De hecho, las primeras en descubrir que Jesús había resucitado fueron mujeres. ¿No crees que esto fue intencional?, ¿no crees que en un momento tan especial como este, fue el Señor quien puso en su corazón ir a la tumba para tener ese privilegio de descubrir que algo había pasado?

> *El domingo por la mañana temprano, mientras aún estaba oscuro, María Magdalena llegó a la tumba y vio que habían rodado la piedra de la entrada. Corrió y se encontró con Simón Pedro y con el otro discípulo, a quien Jesús amaba. Les dijo: "¡Sacaron de la tumba el cuerpo del Señor, y no sabemos dónde lo pusieron!".*
>
> —JUAN 20:1-2

Partiendo de esto, no somos menos para el Señor, somos un vaso de honra, somos sus hijas amadas.

Ahora bien, todo lo que Dios creó tiene un propósito. ¿Cuál fue el propósito de crear a Eva?

> *Luego Dios los bendijo con las siguientes palabras: "Sean fructíferos y multiplíquense. Llenen la tierra y gobiernen sobre ella. Reinen sobre los peces del mar, las aves del cielo y todos los animales que corren por el suelo".*
>
> —GÉNESIS 1:28

El propósito original de la creación del hombre y la mujer es el hogar. Desde el hogar se da fruto, se multiplica, se reina y se cumple la labor de gobierno en el terreno que nos fue dado.

¡Tú fuiste diseñada con capacidades, talentos y equipamiento suficientes para glorificar a Dios con tu vida! El primer escenario en donde vas a dejar ver el mandamiento de Dios en ti es tu hogar.

Quieras o no admitirlo, dentro de ti reposa el diseño de Dios y en ese diseño, fuiste creada para ser ayuda idónea.

AYUDA IDÓNEA O AYUDA ERRÓNEA

Después, el SEÑOR Dios dijo: "No es bueno que el
hombre esté solo. Haré una ayuda ideal para él".
—GÉNESIS 2:18

¿Por qué? ¿Por qué es así? ¿Es acaso Dios un Dios machista? ¿Significa entonces que nací para ser la segunda en la vida de un hombre cualquiera y no para vivir lo que quiero, cuando quiero? ¿Dónde quedo yo?, ¿y mis sueños?

¡Mejor me es quedarme soltera! ¡No ha nacido el primer hombre que me venga a mandar y se ponga encima de mí! ¡No lo acepto!

Si alguna de las frases que hay en estos párrafos anteriores ha estado en tu mente, tranquila, en algún momento todas nosotras las hemos tenido.

Dios no es un Dios machista, es un Dios de orden. Hay términos humanos que tratamos de usar para describir el orden y la naturaleza de Dios que lo único que hacen es confundir y no construir. El ser ayuda idónea no te castra, en realidad te da un propósito eterno y más grande del que tú imaginas. Ser ayuda idónea o ser ayuda ideal es poder tener dentro de ti la capacidad de construir en tu esposo el gran líder o el peor perdedor de la historia.

Ser ayuda idónea es sinónimo de influencia, soporte, visión. Es ser vigilante y respaldo no solo físico, emocional o económico sino espiritual. ¿Cuánto tiempo pasas orando por tu esposo?, ¿cuánto pasas criticando o hablando mal de él? El rol del hombre es ser cabeza del hogar y el de la mujer velar para que el rol de su esposo se cumpla.

Conozco a hombres mediocres casados con esposas sabias que se han convertido en esposos exitosos e influyentes. También, tristemente, he conocido hombres exitosos, casados con mujeres necias que se han convertido en hombres temerosos y mediocres.

Tú te preguntarás, ¿realmente es tan tangible la influencia de una esposa en su hogar o en su marido? ¡Sí! Es parte del diseño de Dios en nosotras. Adán no estaba bien sin Eva, Dios lo dijo. ¡La necesitaba! El propósito de la humanidad no se cumple cuando no se conocen y ejercen los roles.

En tus palabras y en tus actitudes tienes la capacidad de ayudar a edificar el propósito de Dios en tu esposo. No era bueno que él estuviera solo, por eso fuiste creada. Juntos tienen la oportunidad de crear un hogar diferente, un hogar al estilo de Dios, un hogar en donde todos los días sean sábados, un hogar lleno de la gloria del Padre que transforme a todos aquellos que les conocen.

¿No puedes soñar acaso con un hogar con hijos sanos y fuertes que modelen más hogares sanos y transformen la sociedad? Un matrimonio unido tiene dominio sobre el terreno que le rodea, tiene la capacidad de cambiar ambientes, con su ejemplo tiene la oportunidad de contagiar amor en las parejas que le rodean.

Yo vivo todo el tiempo esto. Cuando conocimos a nuestros mentores, ellos nos influenciaron a nosotros. Nos modelaron para ser nuestra mejor versión como matrimonio y como individuos. Ahora, nosotros tratamos de mostrar nuestra relación lo más legítima posible a nuestros amigos y personas que nos rodean. Ellos se han contagiado, hemos mentoreado diferentes noviazgos y matrimonios jóvenes que han comenzado a impactar en su lugar de dominio o de influencia.

Constantemente, mi familia habla muy bien de mi esposo. Quienes conocen nuestra intimidad saben que somos muy buenos amigos e incluso, mi hermana o mis primas me han comentado que esperan tener una relación como la nuestra.

Esto no es para que me veas a mí o veas nuestro hogar y digas: "Eso es ellos", pues suficientemente transparente he sido contigo para que puedas ver que todo ha sido un proceso, a veces lento, a veces rápido, pero proceso al fin en el que Dios nos ha ido entretejiendo para ser cada vez más fuertes.

Una esposa ayuda a edificar el propósito de Dios en su esposo, le complementa, le ayuda. Un esposo con un matrimonio sano genera una familia de legado, una familia de impacto. Una familia de legado impacta una sociedad necesitada de modelos y una sociedad con modelos podrá ver la esperanza del cumplimiento de la Palabra de Dios en sus hijos.

Yo no sé en qué punto de la historia cristiana o de la madurez en el carácter se encuentra tu marido, pero sí sé que si eres su esposa y te unes a Dios, lograrás ver en él un gran hombre sabio y amoroso que no solo te ame a ti, sino que sea un ejemplo para quienes le rodean.

EL RESPETO Y EL AMOR SON SINÓNIMOS

Una de las enseñanzas que constantemente recibí antes de casarme fue sobre la importancia de respetar a mi esposo.

Estaba segura de que entendía el concepto. Pensaba que solo tenía que no gritarle, cuidar sus cosas y no llegar a propasarme con respuestas violentas o algo por el estilo. A medida que ha pasado el tiempo, he entendido que el respeto tiene un gran componente cultural e individual.

He conocido parejas que debido a su nacionalidad se hablan con un tono fuerte y no perciben que se están gritando, pero cuando uno es espectador, piensa que sí. Así mismo, he encontrado que hay cosas que específicamente son faltas de respeto para Samuel y que yo, por desconocimiento de su criterio, lo he hecho en algún momento.

Por ejemplo, mi esposo es músico y todo el tiempo tiene algo sonando en la radio. En contraste, a mí me encanta el silencio, por lo que si él se descuidaba, le apagaba el sonido.

Esto no es un problema en sí, pues ya habiéndonos conocido hemos aprendido a lidiarlo; pero antes, si yo lo hacía sin avisarle o sin darme cuenta de que él estaba disfrutando la canción, se molestaba y sentía que le faltaba al respeto. Es un ejemplo sencillo, pero así mismo hay cosas más grandes que pueden constituir una falta de respeto para tu esposo y tú no eres consciente de ello.

¿Qué te sugiero que hagas? ¡Pregúntale! La persona que más te va a ayudar a conocer a tu marido es él mismo.

Así como nosotras necesitamos muestras de amor, ellos necesitan amor encarnado en respeto, en admiración, en halagos y en afirmación.

¡Construye a tu esposo con lo que Dios ve de él y no con lo que tus ojos de juicio perciben!

El respeto no solo son palabras o acciones, de hecho, una de las muestras más grandes de respeto hacia tu esposo es tu actitud. Algo muy delicado que he percibido a lo largo de los años acompañando matrimonios es que los demás le darán honra y respeto a tu esposo en la medida en que tu trato hacia él también se lo dé.

¿No te ha pasado que conoces a un hombre de mucha influencia y que al conocer a su esposa y ver la mirada de ella hacia él, la forma en cómo se dirige cuando le habla y la manera en que sus hijos comparten con él, tu imagen hacia él crece o se derrumba?

Procura que tu actitud engrandezca a tu esposo, hónralo en público, dale un lugar de privilegio. ¡Cuida su imagen con tus padres y amigos! Sé que cuando tenemos problemas buscamos consejo en quienes siempre nos han acompañado y guiado, pero en el hogar, si no eres sabia, tu familia podrá ponerse en contra de él por actitudes o cosas que él haga y esto a largo plazo te va a afectar a ti.

SUMISIÓN Y AUTORIDAD

"¿Por qué someterme si somos iguales? ¡La época de la esclavitud pasó hace tiempo! No soy una mujer sumisa".

Hace unos años, en un espacio en donde estábamos hablando de roles, una mujer me dijo la frase anterior. La respuesta que le di ese día es la siguiente:

Quiero pintarte un panorama: Un auto especial, con dos pilotos que manejan el volante, la caja de cambios y la aceleración al mismo tiempo, de manera independiente. De repente, hay una curva cerrada y otro carro se acerca peligrosamente a uno de los costados, ambos reaccionan. El piloto n.º 1, de la derecha, ve un espacio más grande hacia su lado y decide maniobrar para esquivar acelerando rápidamente; el piloto n.º 2 ve el carro encima y decide frenar en seco para dejarlo pasar.

Al realizar estas acciones al mismo tiempo, el carro empieza a girar sobre su eje, se estrella contra el auto que venía y todos salen heridos. Pregunto: ¿Un auto puede tener dos pilotos con las mismas facultades de maniobrabilidad, reacción y decisión al mismo tiempo?

Matemáticamente hablando, no. Por eso, los aviones, autos, cohetes y demás tienen la figura de capitán o conductor y de segundo al mando para ayudar en los controles, direcciones, GPS, etc.

Lo mismo sucede en el hogar. ¿El piloto es menos digno o importante que el copiloto? ¡No! Se trata de roles no de identidad; de hecho, el copiloto suele tener una visión diferente y complementaria de la ruta. Sin su ayuda no se puede llegar a un rumbo correcto en cierto tipo de artefactos de transporte.

La sumisión es la decisión, apoyada con nuestra ACTITUD y hechos, de ponernos bajo la cobertura de un tercero. ¡No hace al esposo superior! No te dejes confundir, ambos somos coherederos de la gracia, sencillamente son posiciones y roles. La raíz fundamental de la sujeción es sencilla: obediencia y fe en Dios. ¿Crees en Dios?, ¿crees en los principios que estipuló? Si crees, vas a seguirlos, y si los sigues, lo haces porque sabes que es lo correcto; no poniendo los ojos en las acciones o actitudes de tu esposo, sino en la fidelidad de Dios.

La sujeción es una prueba de fe. Pon tus ojos en Dios, Él te honrará y cuidará de ti, aun cuando parezca que tu vida está en manos de un hombre que no es muy coherente. ¿Quién es más grande Dios o tu esposo?

> *La fe es la confianza de que en verdad sucederá lo que esperamos; es lo que nos da la certeza de las cosas que no podemos ver.*
>
> —HEBREOS 11:1

Con Dios siempre vas a tener dos opciones para todo, o le obedeces, crees y confías en Él o haces lo que quieres y te enfocas en lo que ves.

Diciéndolo de este modo, la sumisión es tu actitud de honra y respeto hacia Dios manifestada en la actitud hacia tu esposo. La sujeción es la honra a tu esposo viendo a Jesús en él.

¿Hasta qué punto debemos ser sumisas? El punto es el lugar y la verdadera confianza que puedes poner en las manos de Dios ante las circunstancias de la vida.

Si tu esposo comete crímenes como incesto, robo, asesinato o amenaza tu integridad física, hay entidades ciudadanas a las cuales DEBES acudir. Cuida que no te obligue, haga cómplice o inste a hacer algo en contra de la Palabra específica de Dios y de los estatutos legales de tu país. (Ojo con las interpretaciones). Si te golpea, maltrata, amenaza tu vida o la de tus hijos, tienes que ir a una autoridad de tu ciudad. No esperes; parte de tu responsabilidad es ver este tipo de amenazas y guardarte sabiendo que Dios está a cargo y que tu objetivo no es destruir a tu marido, sino hacer lo que tienes que hacer para guardarte y guardar a tu familia.

Aun así, esto no te da el derecho a juzgarlo ni señalarlo. Si decidiste ser su esposa, tu rol es darle honra. La honra te llevará a hacer lo correcto aun si debes denunciar sus hechos ante las autoridades.

Por eso insisto tanto, si hay alguna novia que me lee aquí, en que elegir esposo es más que elegir a alguien que me gusta. Debes ver en él cualidades de liderazgo suficientes para seguir y honrar. Si no ves a tu novio como un buen líder, tómate un espacio antes de dar el gran "sí". Mi mamá siempre me ha dicho: "Es mejor un momento colorado y no toda la vida pálido". El matrimonio es una decisión muy importante, lo suficiente como para cambiar radicalmente el rumbo de una generación, no lo tomes a la ligera.

¿Qué pasa cuando sabemos que nuestro esposo no se fundamenta en la Palabra para actuar?, ¿cómo sigo a quien no sigue a Dios?, ¿cómo creo en sus principios?

A esto quisiera responder: ¿quién lo juzga?, ¿tú?

Si esto te sucede, si es tu caso y estás casada con un hombre que no quiere tener nada que ver con Dios, la Biblia dice que su rol no se modifica, puedan ser ganados sin palabra alguna por tu conducta y amor.

> *De la misma manera, ustedes esposas, tienen que acep-*
> *tar la autoridad de sus esposos. Entonces, aun cuando*
> *alguno de ellos se niegue a obedecer la Buena Noticia,*
> *la vida recta de ustedes les hablará sin palabras. Ellos*
> *serán ganados al observar la vida pura y la conducta*
> *respetuosa de ustedes.*
>
> —1 Pedro 3:1-2

Por favor, no leas por encima lo que te acabé de escribir. Me gustaría que incluso lo leyeras las veces que fueran necesarias hasta que puedas ver que la Palabra dice que nuestra conducta podrá ganar esposos que no conocen a Dios o que están apartados ¡sin palabras! ¡Sí! Aun si esas palabras parecen piadosas y sacas la Biblia entera delante de tu marido; si él no quiere escuchar, es más prudente que tu amor y tu conducta le muestren a Jesús de una manera más genuina que grandes discursos.

¿Qué hago si mi esposo toma malas decisiones y hace cosas que yo veo que se pueden hacer mejor?

Esposa joven, este tipo de pensamientos es muy recurrente en nosotras ¡No te frustres! Nosotras tenemos una percepción diferente del panorama. (¿Te acuerdas el ejemplo del auto? Eres la copilota). Hay muchas cosas que a nuestros ojos tienen una perspectiva diferente. Podemos sentirnos libres de decir respetuosamente y en amor nuestro punto, entendiendo que si quieres poner tu confianza en Dios, deberás soltar la carga de tomar las decisiones y, por lo tanto, de asumir la responsabilidad de las consecuencias. ¡Quien tiene el timón es él y la ruta la dirige Dios, no tú!

En vez de enfocarte en las malas o buenas decisiones de tu esposo, ora por él. Pide sabiduría para los pasos que deba dar. El juicio, el sentimiento de superioridad y la crítica en las esposas tienen su raíz en el temor; el temor de lo que pueda suceder a causa de las acciones de nuestro esposo o de las consecuencias de sus decisiones para nuestro hogar.

¿Qué debemos hacer? Poner nuestros ojos en Dios. Recuerda que tu confianza no está en lo que hace el hombre con el que te casaste, sino en Dios quien está por encima de ustedes dos.

Es posible que se equivoque muchas veces, pero promete no volver a decir: "Te lo dije". ¿Qué ganas con eso?, ¿mostrar tu superioridad? Eres su ayuda, por lo tanto, déjalo ejercer su rol y aprender.

El matrimonio es una constante escuela, tu misma estás aprendiendo a ser esposa. Permítete crecer y deja que Cristo sea formado en el carácter y las determinaciones de tu esposo.

Con respecto a esto, el Señor me enseñó una perla que quiero compartir contigo. La he podido usar no solo en mi matrimonio, sino también en mi trabajo y en varias de las consejerías que he dado últimamente.

DOMINIO Y ADMINISTRACIÓN

La parábola de los tres siervos habla sobre un hombre muy adinerado que se fue y les dejó a sus empleados unos talentos:

> *Lo dividió en proporción a las capacidades de cada uno. Al primero le dio cinco bolsas de plata; al segundo, dos bolsas de plata; al último, una bolsa de plata. Luego se fue de viaje.*
> —MATEO 25:15

Luego, el amo volvió y les pidió a los hombres que le rindieran cuentas conforme les había entregado para administrar:

> *Después de mucho tiempo, el amo regresó de su viaje y los llamó para que rindieran cuentas de cómo habían usado su dinero.*
> —MATEO 25:19

El amo representa a Dios y lo que Él hace con nosotros al darnos un equipamiento para cumplir nuestra misión en la tierra.

Tu primera misión incluye el ser esposa y, si eres madre, el ser madre. La misión de tu esposo es igual.

Cuando Dios venga a pedir cuentas de lo que cada uno recibió, Él no te va a pedir que le rindas cuentas de lo que fue delegado en tu esposo, va a venir a ver lo que tú has hecho con tu tiempo de oración, con tu boca, con tus hechos, con tu responsabilidad en el hogar, con tu ejemplo para los hijos y con el amor o la belleza para edificar tu casa.

Cada persona tiene en esta tierra una porción de terreno sobre la cual está designada a tener dominio y junto con el dominio, fruto en abundancia. Tú no vas a poder suplir o llenar lo que Dios demande de tu esposo. Ocúpate de hacer tu parte y hazlo con excelencia, con amor, con integridad, sabiendo que es para el Señor.

No te compares viendo si tu esposo hace o no hace lo que crees que es correcto; este terreno no es de tu dominio y, por lo tanto, no va a dar fruto. ¿Qué pasa si el hombre no ejerce su liderazgo como capitán del barco? Esto lo he visto muy a menudo; a lo largo de mi vida y en muchas de nuestras asesorías, hemos encontrado muchos hogares matriarcales.

Para responderte voy a ser muy concreta: tu deber como ayuda idónea es ayudarle a tu esposo a cumplir el propósito y rol con el que fue creado, eso incluye el de ser esposo y cabeza del hogar.

Si él no toma su lugar, no te da pie para ser matriarca, te da pie para arrodillarte, orar y ayudarle amorosamente a que tome su lugar.

Una esposa tiene el poder de convertir un gato en un león y un león en un ratón. Tus palabras y hechos construyen un hogar y construyen al hombre que tienes a tu lado. ¡Sé sabia!

Si este es tu caso, tendrás que confiar más que nadie en Dios. Habrá cosas que él tendrá que aprender, déjalo. Dios es un buen Padre y lo formará. ¿Estás dispuesta a mantener tu lugar?

Esto puede sonar algo ligero, mas no lo es.

Conozco a mujeres que desde jovencitas se acostumbraron a ser económicamente proveedoras e independientes. Con esas cosas extrañas de las relaciones, he visto a muchas de ellas casarse con hombres no tan responsables y organizados. Hombres que luego de ver la intención en ellas de asumir los gastos y la responsabilidad de la casa, se quedaron tranquilos, asumieron otros roles y dejaron a su esposa seguir cargando el peso del hogar, mientras ellos asumieron un rol secundario.

Luego, estas esposas se sienten cansadas, saturadas, con un peso muy grande debido a que la responsabilidad total del hogar está sobre ellas, y es algo cuyo diseño interno no está creado para asumir. Se encuentran ejerciendo dominio en un terreno incorrecto.

¿Qué deberían hacer? Menguar.

Una amiga, Esperanza, tuvo que llegar hasta el extremo de entregar responsabilidades puntuales de los servicios de la casa a su esposo. Él no estaba desempleado a causa de una enfermedad o por falta de posibilidades, estaba sin trabajo porque tenía todo lo que necesitaba y vivía en una zona de confort.

Cuando ella entregó las responsabilidades, él lo tomó en broma y no lo asumió.

Sin embargo, cuando cortaron la luz, el agua y su casa no tenía los servicios necesarios, entendió que había un rol que no estaba asumiendo y con el tiempo salió a ejercerlo.

El día en que aprendí sujeción

En uno de los momentos más difíciles de nuestro crecimiento matrimonial, el tema de la sujeción no fue fácil de aprender.

Oré a Dios y le mencioné la lista de cosas que necesitaba cambiar de Samuel, tenía tantas cosas, todas altamente comprobadas con la Biblia, la cual certificaba lo que él debía ser. Oré a Dios diciéndole cómo Samuel me decía amar, respetar, valorar... cómo yo esperaba que actuara, que hablara, que se comportara... mejor dicho, cómo quería que él fuera para tener el matrimonio deseado y "bíblico".

No era la primera vez que lo hacía, pero esa vez hubo algo diferente. Sentí la voz de Dios hablando a mi corazón.

Jesús me enseñó con amor que no soy la diseñadora de mi esposo, que Él, como nuestro Dios, es el diseñador de ambos.

Me explicó que hay aspectos que yo no sabría si sería bueno que cambiaran en Samuel, si primero no me enfrentaba a mi diseño y permitía que Dios mismo comenzara a revelar en mí su esencia.

En pocas palabras, Dios me dijo: "A ti no te corresponde cambiarlo, YO SOY quien necesita que tú cambies y reveles mi diseño, para que pueda mostrar lo que yo quiero en Samuel, tu esposo, para ti".

¿Pueden creer lo que esa respuesta causó en mí?

Rechacé esa voz, creí que era el diablo mismo hablando a mi corazón para hacerme ver cosas que no eran verdaderas. ¿Cambiar yo? Si a mis ojos estaba correcta: yo era la que oraba todos los días una hora, era la que había leído la Biblia al derecho y al revés, era la que había estudiado teología, era la que sabía, la que hacía, la que creía... ¡Qué gran mentira! Todos los problemas del matrimonio son de los dos y yo era la causante y partícipe de muchos de nuestros conflictos.

Mi esposo también oraba, de hecho, llevaba muchos años más que yo en el cristianismo. Él estaba lleno de cualidades y de fortalezas espirituales que yo no podía ver por estar enceguecida por mi sed de autojusticia y la religión en mi mente que me hacía creer superior.

Al comenzar este proceso, el Señor empezó a mostrarme la sujeción a través de la vida de Sara. Sí, la misma a quien su esposo le pidió dos veces que se hiciera pasar por su hermana para salvar su vida y la dio en matrimonio a dos reyes diferentes por temor. La misma que no se rehusó a hacer la locura que su marido, el padre de la fe, le estaba pidiendo y que con entereza obedeció. Dios mismo la rescató enviando plagas, sueños y señales para salvar su matrimonio.

¿No lo sabías? Sí, te conté bien. Sara tuvo que mentir y decir que no era esposa de Abraham porque él se lo pidió. ¿Lo habrías hecho tú?

Al acercarse a la frontera de Egipto, Abram le dijo a su esposa Sarai: "Mira, tú eres una mujer hermosa. Cuando los egipcios te vean, dirán: "Ella es su esposa.

> *¡Matémoslo y entonces podremos tomarla!". Así que, por favor, diles que eres mi hermana. Entonces me perdonarán la vida y me tratarán bien debido al interés que tienen en ti".*
>
> *Efectivamente, cuando Abram llegó a Egipto, todos notaron la belleza de Sarai. Cuando los funcionarios del palacio la vieron, hablaron maravillas de ella al faraón, su rey, y llevaron a Sarai al palacio.*
>
> —GÉNESIS 12:11-15.

Y no sucedió una sola vez, sucedió dos veces.

> *Abraham presentó a su esposa, Sara, diciendo: "Ella es mi hermana". Entonces el rey Abimelec de Gerar mandó llamar a Sara e hizo que la trajeran ante él a su palacio.*
>
> —GÉNESIS 20:2

¿Qué harías tú? Sé que suena descabellado, una petición así lastimaría el corazón de cualquier mujer, de hecho, si prestas atención, ella no dijo que no, obedeció a su esposo y más adelante en 1 Pedro nos explican la razón de su obediencia.

> *Así es como lucían hermosas las santas mujeres de la antigüedad. Ellas ponían su confianza en Dios y aceptaban la autoridad de sus maridos. Por ejemplo, Sara obedecía a su esposo, Abraham, y lo llamaba "señor".*
>
> —1 PEDRO 3:5

La obediencia de Sara no provenía de la confianza hacia su esposo, provenía de su confianza en Dios.

Esto es muy fuerte; quisiera poder enmarcar y fijar esto en tu corazón y por eso lo repito: la obediencia para nosotras las mujeres hacia nuestros esposos no va hacia ellos como seres humanos, sino hacia Dios como el Dios de ellos y de nosotras. La sujeción es una prueba de fe. No se trata de discernimiento para que puedas evaluar qué de lo que te pide tu marido es o no es. Trata de ir a la raíz del diseño como esposa. ¿Realmente crees que Dios puede hacer algo aun cuando tu esposo cometa un error?

Sara sí. Ella obedeció y Dios la honró. ¿Qué pasó?

En Egipto, vinieron plagas sobre la casa para que el faraón no tuviera relaciones sexuales con Sara y fuera devuelta a su esposo Abraham.

> Pero el SEÑOR envió plagas terribles sobre el faraón y sobre todos los de su casa debido a Sarai, la esposa de Abram. Así que el faraón mandó llamar a Abram y lo reprendió severamente: "¿Qué me has hecho? —preguntó—. ¿Por qué no me dijiste que era tu esposa? ¿Por qué dijiste: "Es mi hermana" y con esto me permitiste tomarla como esposa? Ahora bien, aquí tienes a tu esposa. ¡Tómala y vete de aquí!».
>
> —Génesis 12:17-19

Y con Abimelec, la historia es aún más sobrenatural:

> Esa noche Dios se le apareció a Abimelec en un sueño y le dijo:
> —Eres hombre muerto, porque esa mujer que has tomado ¡ya está casada!
> Sin embargo, Abimelec todavía no había dormido con ella, así que dijo:
> —Señor, ¿destruirás a una nación inocente? ¿Acaso no me dijo Abraham: "Ella es mi hermana"? Y ella misma dijo: "Sí, él es mi hermano". ¡Yo he actuado con total inocencia! Mis manos están limpias.
> En el sueño, Dios respondió:
> —Sí, yo sé que tú eres inocente. Por eso no permití que pecaras contra mí ni dejé que la tocaras. Ahora devuelve la mujer a su esposo; y él orará por ti, porque es profeta. Entonces vivirás; pero si no la devuelves, puedes estar seguro de que tú y todo tu pueblo morirán.
>
> —Génesis 20:3-7

La confianza en Dios por parte de Sara fue tan grande que el Señor la honró. Ella obedeció lo absurdo, sabiendo que Dios iba a guardar su vida y su integridad. El Señor mandó plagas, sueños, muerte y miseria para que los hombres que podían acceder a ella no lo hicieran.

Y a nosotras se nos dice que ella es un ejemplo de cómo debemos actuar.

> *Por ejemplo, Sara obedecía a su esposo, Abraham, y lo llamaba "señor". Ustedes son sus hijas cuando hacen lo correcto sin temor a lo que sus esposos pudieran hacer.*
>
> —1 PEDRO 3:6

Entendí, con esta historia, que la sujeción es la prueba de fe más grande para una mujer. Un sinónimo para la palabra sometimiento, sujeción u obediencia en el matrimonio es: confianza en Dios.

Desde ese día, he aprendido a confiar en Dios aún más. He podido observar cómo a medida que mi fe aumenta, la sabiduría de mi esposo para tomar decisiones también lo hace. Él escucha al Señor, mi Dios nos ha guiado en caminos sobrenaturales para hacer cosas imposibles a los ojos de muchos.

Él es Dios de mi esposo, mi Dios y el Dios de mi hogar.

Si temes o ves los errores de tu esposo más grandes de lo que deberían ser es porque tu mirada está en el lugar incorrecto. Levanta tus ojos, mira a Jesús. Cuando esto suceda, toda la lluvia de tus lágrimas habrá abonado un terreno, todo el frío que había congelado la relación se va retirando y, poco a poco, el invierno irá terminando, las flores comenzarán a florecer, los pajaritos saldrán a cantar y una nueva temporada llegará. ¡Bienvenida primavera!

MI DIARIO

¿Qué necesidades tiene mi esposo que como ayuda idónea puedo suplir?

¿Qué cosas simples puedo hacer para ayudar a mi esposo?

¿Cuál es mi concepto de sujeción?

¿Veo la sujeción como una prueba de fe?

¿Qué me gustaría aprender a desarrollar en mi rol de esposa?

¿Qué me habló Dios sobre mi diseño?

PRIMAVERA

Pues estoy a punto de hacer algo nuevo.
¡Mira, ya he comenzado! ¿No lo ves?
Haré un camino a través del desierto;
crearé ríos en la tierra árida y baldía.

—Isaías 43:19

Capítulo 13

EL DÍA EN QUE FUI FELIZ

Y FUERON FELICES PARA siempre. — ¡Decidí amar!
¡Ya no siento lo mismo que antes! El amor se ha ido vs.
no puedo dejar de amarlo. Me ha lastimado, me ha golpeado y
sido infiel, pero no puedo dejarlo... lo amo.

A menudo encuentro *posts* y mensajes de personas que
hablan que el amor se fue, que se acabó, incluso el muy conocido "no eres tú, soy yo" ha generado tantos rompimientos y
corazones quebrados que me quedaría hablando horas para ver
cómo muchos enmarcan el "amor".

Cuando escucho o leo cosas similares, siento que se habla
del amor como una paloma caprichosa que llegó, se fue... o
que dura un poquito y ya.

Mientras tanto, me pregunto ¿cómo hacían los antiguos
matrimonios para durar setenta años?, ¿será que esas palomas
del amor tenían más vida que las de ahora?

El amor, cuando se le quita toda la arandela y la visión de
película, es una decisión diaria de MORIR o dejar de lado
nuestro egoísmo para dar VIDA a un hogar. Es dar la vida por
el otro, no porque lo sentimos, sino porque lo DECIDIMOS.

Y resalto la palabra DECIDIR porque el amor es mucho más
intencional de lo que pensamos.

Cuando escucho o leo a mujeres que me dicen: "Es que lo
amo locamente", puedo darme cuenta de que creen que el amor
esta fuera de su responsabilidad, que es algo que llegó y no se
puede ir o, en el caso contrario, algo que no se puede tener si
no se "sienten" mariposas en el estómago.

Como le decía a una amiga hace poco: "A medida que conozcas a tu esposo, es probable que más feo o más lindo te parezca, todo dependerá del lente que uses al verlo. Descubrirás en él cosas que no esperabas, que te sorprenderán y no te gustarán, pero esa irá siendo su verdadera cara sin la máscara del enamoramiento. Es justamente allí cuando empieza la verdadera decisión de amar".

Es más, aunque comencé el libro hablando de algo similar, ya que hemos pasado por muchas de las tormentas del amor, quiero mostrarte cómo en el mundo el amor está enfocado en las emociones y en Dios en la decisión:

"Ven, acércate, haz mi cuerpo temblar, enloquece mi alma de pasión, quiero estar contigo de día y de noche, llenando este amor que nunca sacia".

La frase anterior, podría resumir lo que muchas mujeres tienen en su corazón para definir algunas características del amor: fuego, pasión, ternura, seguridad, besos, abrazos, sexo, paseos, perderse en la mirada del otro...

Todo lo que acabo de decir no son caras del amor, tampoco son sus características; de hecho, es tan superficial que como la casita de paja del primer cerdito en el cuento de #Los3Cerditos caería con un soplo fuerte.

Cuando en la ecuación de tu hogar el primer elemento es Jesús, todo va a caer en su lugar. No trates de tener un matrimonio en tus fuerzas. Renuncia a que la "sabiduría" de las mujeres de hoy en día domine tu mente, haciendo que la manipulación sea la manera de interactuar con tu esposo.

Es bueno que como pareja nos conozcamos tanto, que incluso podamos compartir aquellas cosas que sean vergonzosas o absurdas sin un ambiente de juicio. De esta manera, el hogar se vuelve un escudo, no una plataforma para hacernos caer.

A menudo, escuchamos la frase: "Esposa feliz, hogar feliz" y creemos que es el esposo quien tiene que hacer maromas para que la esposa esté contenta y así él también lo pueda estar. ¡Esto es falso! ¡Es egoísta! Tu esposo no tiene el único deber de hacerte feliz. Ve a Dios, llénate de su presencia, que el gozo de Dios se refleje en ti y haga de tu hogar un espacio glorioso.

Tus hijos necesitan que puedas ser llena de Jesús, necesitan modelos de un hogar sano.

La hija de la alegría

No puedo hablar de gozo y alegría sin contarles de mi regalo alegre: Elizabeth, mi hermanita.

Crecí en medio de mucha violencia y dolor. Mis mejores amigos eran los libros y cuentos, mi pasión era aprender palabras nuevas, escuchar a mi mamá que me leyera libros de pedagogía y leer.

Pero eso cambió cuando en una cobijita verde llegó Eliza. Mi mamá la bautizó "la hija de la alegría" y a mí, "la hija del amor".

Mientras crecíamos, la veía a ella siempre tan libre, tan contenta, tan espontánea, tan fotogénica, que mientras ella iba madurando, yo iba aprendiendo a soltar muchas cosas y a disfrutar los detalles.

Hoy en día, creo que gran parte de mi versatilidad cuando hago algo en público o cuando estoy tras un micrófono viene de ella, de su capacidad para vivir cada día con expectativa y procurar siempre, bajo la inocencia y el conocimiento práctico de Dios, vivir un día a la vez.

Difícilmente, alguien pueda venir a decirme a mí que su pasado dañó su presente si conoce la historia completa de mi infancia. El Señor hizo todo de nuevo. Salvó mi vida varias veces y ese tiempo anterior no tiene que ser el que marque el camino de mi matrimonio y mi vida actual.

Su manera de ver la fe y la alegría es como ella, diferente. Siempre me ha dicho que ve la fe como un gran edificio en donde decides caer y, aunque no veas qué va a pasar, está Dios recibiéndote y en sus manos, nunca vas a pasar de largo.

¿Tienes esa fe para creer por encima de lo que vives? ¿Tienes esa fe para lanzarte del edificio de la desesperación y encontrarte en los brazos de paz de Jesús?

Podría llenarte aquí de compendios enteros sobre doctrina y citas bíblicas para explicarte el origen del gozo y la alegría, pero ahora quiero ir a lo básico porque Dios no es tan complejo. Mira la sonrisa de un niño, mira su alegría, mira su amor, ellos son felices Si Jesús los puso como ejemplos, no te enredes buscando motivos para estar alegre, sencillamente sonríe. Dios te dio vida y tienes la oportunidad de hacer algo diferente con ella el día de hoy.

Un matrimonio feliz

Así como Eliza, quien me ha enseñado con tanta practicidad temas complejos, mi tía, Hilda, y su esposo, Oscar, son un matrimonio muy especial. Cuidan una finca a las afueras de Bogotá y tienen una hija preciosa que es como mi hermana pequeña.

Desde muy niña, tengo en mi mente la risa de mi tía y los juegos de ambos. Siempre están echando chistes, animándose, cuidándose y sonriendo. Tienen su carácter y hay días en los que seguramente tienen diferencias, pero su manera de arreglarlas ha sido el diálogo.

Cuando éramos pequeñas nos correteaban alrededor del prado y, desde ese entonces, mi tío sembró alrededor de la casa un plantío de flores que todo el tiempo llena de color los ojos de mi tía.

Ellos son felices, su felicidad es simple.

No es común verlos con grandes lujos, de hecho, ninguno de ellos terminó el colegio; sin embargo, tienen mucha más sabiduría que grandes científicos y profesionales: disfrutan lo sencillo y le encuentran el lado bueno a todo lo que viven.

A menudo, me envían fotos de sus cultivos de vegetales, también de sus ricos almuerzos. Cada día es un milagro para ellos. En momentos en que mi tía ha padecido dificultades de salud o de cualquier otro tipo, tiene algo muy peculiar, nunca dice nada doloroso o triste sin terminar con una frase de esperanza.

Su secreto para un hogar feliz, para una vida feliz y para un matrimonio feliz es simple: disfrutar los pequeños detalles y minimizar lo negativo que pueda haber a su alrededor.

Quiero desarrollar ese súper poder cada vez más. Su fe me inspira y le doy gracias a Dios por el modelo que es para mi vida.

¿Qué detalle olvidaste hoy y no agradeciste?

Receta para tener un esposo chef

Sabes algo, casi todos los días Samuel me despierta con el desayuno en la cama o listo en la mesa.

La primera vez que lo hizo, me cocinó unos panqueques quemados y duros que pasé con esfuerzo junto con mucho, mucho café.

Pero cuando lo hizo, lo abracé, le di las gracias genuinamente, reí con él y le dije que eran los mejores panqueques que había probado. ¡En ninguna tienda probé panqueques hechos con tanto amor como los que él me había preparado! Eso, para mí, hacía que fueran los mejores.

Hoy en día, mi esposo es todo un chef, de hecho, una de nuestras frases al comer es: "En la casa Arana solo se comen manjares; gracias, Señor".

Un manjar puede ser arroz con huevo, un pedazo de queso y agua o un gran plato de verduras y carne. Nuestra mesa es rica porque nuestro corazón lo valora.

El día en que conté la historia de cómo logré que mi esposo me cocinara los mejores desayunos todos los días (ja, ja, está bien, no fui yo, fue el Señor que le puso ese amor y dedicación para amarme), una amiga, Lidia, me miró y dijo: "¡Ay, no! ¡Eso no funciona en mi casa! ¡Mi esposo es una bestia en la cocina!".

"La primera y única vez que le dejé hacer algo así", continuó diciendo, "me dejó un desastre en la estufa, leche regada, las cáscaras de huevos por todo lado. ¡No! Eso no es para mí".

En otra ocasión, cuando le conté mi gran testimonio a Rita, una mujer con veinte años de matrimonio, me miró con una expresión triste y me dijo: "Ojalá hubiera sabido eso. Cuando estaba recién casada con Félix (su esposo), me trajo un feo e insípido chocolate; al probarlo, me pareció tan feo que ni lo tomé, me levanté e hice otro. Desde ese día, Félix nunca volvió a entrar a la cocina y mucho menos se ha ofrecido a ayudarme en las tareas del hogar".

Yo entiendo que por ser psicorrígidas y detallistas queramos siempre tener lo mejor, pero si no aprendemos a valorar los detalles sencillos, ¿cómo llegarán los más grandes?

Si mi esposo me hace una nota en una hoja rota, yo la valoro, es su letra, es su tiempo, es su esfuerzo. Si él trae la provisión a casa y compramos en el mercado, debemos cuidarlo, no gastar de más, no dejar que las cosas en la nevera se echen a perder. Si se sienta a comer, me gusta tener lejos el celular, escuchar lo que me dice, conocerlo. Su tiempo y su dedicación son valiosos, su esfuerzo es grande, sus detalles son desde su corazón, ¿cómo no valorarlos?

¿Habrá mayor excelencia que la de un corazón que ama?

El panqueque tal vez no tenía el mejor sabor, pero su amor sí. ¿Cómo iba a despreciarlo? El ser felices parte de una decisión, luego de una actitud y, finalmente, se generará un ambiente.

El gozo es un paso de fe.

Estén siempre llenos de alegría en el Señor. Lo repito, ¡alégrense! Que todo el mundo vea que son considerados en todo lo que hacen. Recuerden que el Señor vuelve pronto.

No se preocupen por nada; en cambio, oren por todo. Díganle a Dios lo que necesitan y denle gracias por todo lo que él ha hecho. Así experimentarán la paz de Dios, que supera todo lo que podemos entender. La paz de Dios cuidará su corazón y su mente mientras vivan en Cristo Jesús.

Y ahora, amados hermanos, una cosa más para terminar. Concéntrense en todo lo que es verdadero, todo lo honorable, todo lo justo, todo lo puro, todo lo bello y todo lo admirable. Piensen en cosas excelentes y dignas de alabanza. No dejen de poner en práctica todo lo que aprendieron y recibieron de mí, todo lo que

oyeron de mis labios y vieron que hice. Entonces el
Dios de paz estará con ustedes.

—Filipenses 4:4-9

Filipenses es conocida como la carta del gozo. Su escritor, Pablo, hizo una carta alentando a la iglesia de Filipos mientras se encontraba encadenado en mazmorras romanas, con la piel pudriéndose y con cuerpos nauseabundos a su alrededor.

¿Cómo alguien que está en una situación tan deplorable físicamente tiene la capacidad de escribir tantos "alégrense" y "gócense" en unas pocas hojas?

Los versículos anteriores tienen la respuesta. Pablo aprendió a que sus pensamientos fueran gobernados por la gracia, trabajaba para que en su mente todo lo que no era verdadero, justo, bello, admirable y honorable no entrara.

¿Estás aburrida? ¿Qué pensamientos dominan tu mente?

¿Quieres estar gozosa? ¿Qué pensamientos vamos a inyectar?

Capítulo 14

EL DÍA EN QUE EL PODER DE DIOS LO TRANSFORMÓ TODO

L A MAYOR PARTE de este diario ha sido escrito para parejas que están viviendo situaciones difíciles, sin embargo, "Primavera", la última temporada de este libro, es un poco más contemporánea a lo que hoy en día vivo en mi hogar.

Si me estás leyendo y aún con todo lo que te he contado crees que no hay esperanza, quiero decirte que sí la hay. Dios sí hace milagros en los hogares y no solo para formar matrimonios fuertes, sino en todas las circunstancias que a lo largo de los años irán viviendo.

Lee conmigo la carta que cuenta el testimonio de mi amiga Mary:

Hola Lala:

Soy Mary Díaz. Llevo 38 años de casada y 29 años pasé orando para que mi esposo pudiera recibir el amor de Jesús en su corazón. Quiero compartirte este testimonio para que muchas esposas jóvenes puedan ver que Dios sí cumple, Él es fiel y siempre está cuidando de nuestros hogares.

Yo no era cristiana cuando me casé, pero al conocer a Dios, me di cuenta de la importancia que tenía que él creyera y caminara a mi lado en los brazos del Señor. Cuando uno está en yugo desigual, cuando la pareja no cree lo mismo que uno es triste, porque hay muchas cosas que no se pueden lograr, pero cuando estamos en sintonía, ¡todo cambia! El Señor alinea todo.

Cuando no estás en el mismo carril, todo se ve afectado en un hogar, desde la sexualidad hasta la comunicación. Todo es vulnerable.

Sugiero que si una muchacha se va a casar, debe orar. Dios puede darle justamente lo que ella desea, pero no es un paso para dar a la ligera.

Mientras oraba, mi testimonio para con mi esposo fue de amor. No lo presionaba. Oraba mucho y le pedía al Señor que cambiara su corazón sin estar interviniendo ni recordándole su pasado.

El área que más se ha fortalecido desde que ambos tenemos a Jesús en nuestro corazón es la comunicación, que para mí, es el eje de todo: la economía, las decisiones, los proyectos, la crianza de los hijos, todo.

A veces, uno cree que al ser cristianos solo se ven afectadas las áreas espirituales, pero no es así. En mi caso, al estar orando y estar con Jesús nos ha ayudado a combatir cualquier prueba, nos podemos poner de acuerdo y la Palabra dice que cuando dos se ponen de acuerdo, el Señor escucha esa oración y creo que esa ha sido la clave de nuestro hogar renovado.

Ahora que mi esposo está en el evangelio, nuestra meta conjunta es servir, cumplir nuestro designio, pues antes yo tenía un propósito y estaba sola, pero ahora que ambos amamos a Dios es un único propósito en ambos. Él nos quiere sirviendo juntos.

Mi recomendación para las esposas que han perdido la esperanza es que se metan en un cuarto de oración o, como yo lo llamo, en un cuarto de guerra y que allí doblen sus rodillas, tengan fe que ese hombre por el que oras va a llegar y el Señor va a concederte esa petición.

La fe no debe irse a pesar de los años, yo lo viví. Tuve muchos momentos en los que pensé que mi esposo no iba a cambiar, pero cuando Dios te promete algo, Él no dice y lo cambia, Él no te da una promesa para luego quitarla y si Él en ese cuarto de oración te dice que está contigo, ¡Él lo hará! Lo que tienes que hacer es orar y esperar.

En los días en los que estaba en conversaciones con la editorial para poder escribir este *Diario para esposas jóvenes,* una de esas avalanchas que pueden enfrentar los matrimonios se vino sobre nosotros.

Una mañana cualquiera, mi cuerpo empezó a sentirse mal. Ya les he contado que Dios me sanó hace unos años de una enfermedad autoinmune muy fuerte. Aquel proceso fue doloroso y realmente no quería volver a vivir algo similar.

Todo inició con una pérdida de energía. Me sentía cansada todo el tiempo y no quería hacer más que dormir o estar acostada. A menudo, veía mis manos temblando descontroladamente y trataba de distraerme o de pensar en otra cosa; después comenzó el vértigo, el mundo me daba vueltas; luego dolores fuertes en mis articulaciones, manos y huesos. No sabía qué me sucedía.

En Estados Unidos la salud no es como en los demás países. Los médicos atienden cada uno por su lado y las cuentas pueden sumar varios miles de dólares con tan solo ingresar a una sala de urgencias. Sin embargo, tras mucho aplazar este paso, decidimos ir a ver un doctor para que me formulara "algo rápido" y volver a estar bien.

Te quiero confesar algo, ya que estamos en confianza: en mi corazón sentía que algo diferente me estaba pasando. No estaba segura qué era, pero esos dolores que tenía eran muy fuertes. No entendía qué me pasaba, pero sentía dentro de mí la urgencia de buscar atención pronto.

Al ir a un centro médico, me hicieron los exámenes y tenía muy poca cantidad de sangre, el sistema inmune estaba descontrolado y con algunas toxinas. El médico nos habló de las posibles vías para tratarme y la suma gigante que había que pagar.

En ese momento, nuestras prioridades con Samuel cambiaron.

Inicialmente, creíamos que solo era un problema en la sangre, pero a medida que pasaban los días, el panorama médico se iba poniendo más negro. Mi hígado no estaba funcionando con normalidad, los dolores se intensificaron y el desaliento aumentó.

Los médicos, afanados, querían tratarme pronto ya que mi cuerpo tenía muchas áreas en alerta.

¿Te acuerdas que te comenté un poco al respecto? Hacía casi nueve años había permanecido encerrada e inhabilitada por bastante tiempo a causa del mismo diagnóstico que me estaban informando que tenía ahora, solo que esta vez venía con el doble de fuerza. Nombres como leucemia, leucopenia, lupus, hepatitis autoinmune, enfermedad del tejido conectivo y síndrome de Sjögren estaban en los posibles diagnósticos, a decir verdad, meses después los médicos no sabían muy bien de qué se trataba, pero en el momento lo importante era comenzar con el tratamiento.

¡Fue como sentir un balde lleno de agua fría encima!

En las semanas siguientes tuve que empezar con medicamentos muy fuertes, sus efectos no se hicieron esperar y durante un par de semanas quedé incapacitada para hacer casi cualquier cosa. A Samuel le tocó hacer la milla extra. Todas las mañanas se levantaba temprano, trabajaba en nuestros proyectos y tareas *online*, me preparaba el desayuno, me acompañaba a arreglarme, servía el almuerzo, me dejaba sentada en la radio en donde yo hacía el programa de la tarde, me recogía y, mientras estaba acostada, terminaba de hacer lo demás.

Al leer esto, a lo mejor dirás que es algo que únicamente podría hacer otro esposo y no el tuyo. Tal vez puedas nombrarme momentos en los que has pasado situaciones difíciles y no te has sentido apoyada, pero te cuento esto porque quiero mostrarte cómo el Señor trabajó en los corazones de ambos para estar juntos en medio de la tormenta.

Después de esto, hubo días muy duros, momentos en donde estando solos los dos no teníamos en quién más apoyarnos, así que el Señor nos fue mostrando cómo en medio de las circunstancias difíciles, Él nos ensambla y prepara para asumir el rol que debemos desempeñar.

Hemos vivido momentos sobrenaturales. Una noche, tuve una fiebre muy alta que no bajaba con nada. Hoy en día la escena parece hasta chistosa. Esa mañana habíamos viajado a un estado cercano, Tennessee, a unas tres horas de trayecto para recoger el regalo de Navidad que mi cuñado le había comprado a nuestros sobrinitos: un perrito.

En lo personal, nunca he tenido una mascota, por lo que abrazar ese cachorrito era un sueño hecho realidad. Charlie, el perrito, durmió todo el trayecto hasta llegar a casa, pero mientras estábamos en el auto empecé a tener fiebre. En la noche, la temperatura aumentaba cada vez más. Tras muchos remedios caseros y llamadas a mi suegra y a mi mamá, Samuel y yo decidimos que si me duchaba, mi cuerpo iba a nivelarse. Mi esposo me metió debajo de la regadera. Estaba temblando a causa de un dolor horrible y no me podía contener. Él, asustado, me hablaba serio para que pudiera controlarme, pero la verdad es que me era imposible. Sentía que iba a explotar. Caí en la bañera, Samuel me alcanzó a recibir y como pudo me sacó de allí.

Me llevó a la cama y teniendo de fondo los ladridos de un cachorrito recién llegado y asustado, más el sonido de mi respiración agitada y la música de adoración en la radio, el Señor habló a mi corazón diciendo: "¿Qué piensas hacer con lo que estás sintiendo?".

Sin poder articular palabra, traté de escuchar de nuevo y sentí su voz diciéndome lo mismo: "¿Qué piensas hacer con lo que estás sintiendo?".

No podía creerlo. ¿Acaso no era el momento en el que Dios debía decirme: "Ya, Lala, ánimo, eres sana"? Pues no, Él me decía: "¡Levántate!".

De manera que sin pensarlo, entendiendo que era una orden del cielo, levanté una mano medio zombi y comencé a adorar; luego la otra. Mi esposo me decía: "Tranquila, tranquila, sé que confías en Dios, no te afanes, quédate quieta". Aterrado por verme pálida y temblorosa, con los labios morados, yo sentía que necesitaba hacer todo lo contrario a lo que mi cuerpo me pedía.

Así que me levanté, tomé aire y comencé a saltar en nuestro cuarto. Me movía de un lado a otro cantando y diciéndole a Dios que creía en su sanidad, que su poder estaba obrando en mí.

Samuel me miraba entre asustado y sorprendido. No sé si pensaba que estaba delirando por el efecto de la fiebre, pero ahí estaba yo, trotando de un lado a otro, haciendo con hechos lo que mi fe me decía que era mi verdad.

Luego me acosté y me quedé dormida. Cada quince minutos mi esposo me medía la temperatura, me daba agua, oraba poniendo sus manos sobre mí, mientras la fiebre comenzaba a bajar.

Unas horas después, fui al hospital y me dejaron internada por unos cuantos días a causa de una infección respiratoria. Sin embargo, la fiebre tan alta que estuvo a punto de hacerme convulsionar no volvió a subir a ese extremo. Tenía fiebre alta, pero no tan peligrosa como antes.

Habrá momentos en la vida de nuestro matrimonio en los que enfrentaremos pruebas. Si cada uno no tiene una relación con Dios, los problemas podrán sobrecogernos más de lo que la Palabra de Dios podrá fortalecernos. Habrá momentos en los que el Señor te hable a ti como esposa para salir y defender el territorio que te pertenece. Aquí te estoy hablando de mi sanidad, pero también he tenido que levantarme con la misma fuerza para creer por provisión, por estabilidad para mi hogar, paz en mi corazón y un sinfín de cosas.

Dios es un Dios que puede transformar todo lo que te rodea con una sola palabra, pero como esposa necesitas desear que esa palabra sea dada sobre tu vida y sobre tu hogar.

Cuando le comenté a Olivia, la directora de alabanza de la iglesia Pneuma Church en Miami, que iba a escribir un libro sobre el matrimonio, lo primero que me dijo fue que un matrimonio no podrá ser transformado sin el poder del Espíritu Santo en él.

Dios es un Dios de milagros. No hay matrimonio en la Roca sin Roca, y la Roca es Jesús.

Esta temporada, "Primavera", está escrita para que puedas ver la manera en que Dios obra a través de esferas sobrenaturales y espirituales, en terrenos físicos y naturales, como tu hogar.

Por eso, de manera simple, quiero compartir contigo los siguientes puntos.

Tres principios para edificar un matrimonio en la Roca

En primer lugar, si Dios está contigo, cero estrés.

Permite que Jesús sea el Señor y Salvador de tu matrimonio y que la labor del Espíritu Santo trasforme su corazón y el tuyo para tener un hogar diferente.

Con el proceso que hemos estado viviendo a raíz de mi salud, decidimos más intencionalmente que nunca escuchar la voz de Dios. Comenzamos a leer devocionales de fe junto con mi esposo por medio de los cuales nos animábamos mutuamente a dejar de decir palabras sobre la "realidad" en la que vivíamos y empezamos a declarar la verdad de Dios para nuestras vidas.

De esta manera, en vez de decir: "Siento un dolor horrible", "Tengo dolor en todo mi cuerpo", "Tengo miedo a lo que está sucediendo y perder mi trabajo"; decía: "No me siento bien, tengo dolores pero Jesús llevó en la cruz toda enfermedad", "Soy una mujer sana, llena de vida, con energía y fuerzas para hacer tareas imposibles".

Cambiar de decir lo que vemos para declarar lo que Dios dice que tenemos hará una diferencia fundamental en nuestro entorno.

Dios respalda su Palabra; de hecho, cuando se declara lo que Dios dice, las señales y milagros confirman la voluntad de Dios. Podría decirte que un noventa y cinco por ciento de los cambios que hemos hecho mutuamente con mi esposo para tener un matrimonio mejor que como comenzamos, ha sido porque Dios nos ha puesto el querer como el hacer.

La Biblia dice que el Espíritu Santo es nuestro ayudador, que Él sabe todo, aun los secretos del Padre, que nos capacita y nos da las herramientas para hacer lo que tenemos que hacer. ¿Por qué no creer que su ayuda nos convertirá en esposas felices y realizadas?

El segundo principio se trata sobre dejar de mirar lo que el otro debe cambiar y cambia tú.

No te imaginas la risa que me da cuando escucho a mi esposo hablar. ¡Tienes que escucharlo para entenderlo! Yo soy comunicadora y, aunque se me da muy bien lo de exponerme, hablar en micrófonos o en cámaras, a la hora de tener que hablar con alguien más cercano tiendo a quedarme sin palabras, me da pena y no sé qué decir.

Mientras tanto, Samuel se convierte en el centro del lugar. Es tan gracioso, sabe contar historias y anécdotas de una manera única. No me extraña que a nuestros amigos les guste escucharlo. Un día le escuché relatar cómo nuestro matrimonio fue cambiado porque él oró a Dios para que yo cambiara y entonces comencé a cambiar.

En mi interior sentí como molestia y algo de risa pícara. ¿Y todo el trabajo de oración que al mismo tiempo hice para que Dios restaurara nuestro hogar? ¿Ahora viene él, con su sonrisa y carisma a decir que fue gracias a sus oraciones que todo fue hecho diferente?

Sé que parece una bobada, pero por la manera en que lo contaba, parecía que dijera que la única que tuvo que cambiar fui yo para estar como estábamos, pero él sabe que no fue así y luego lo dijo: "Ambos tuvimos que hacerlo".

Otro día, le escuché decir que no se reconocía, que a mi lado se había convertido en un hombre más sensible y diferente de lo que pensaba ser, que yo había despertado cosas y reacciones en su corazón que no sabía que podía sentir. Y esta es la verdad, ambos tuvimos que ir al Señor por nuestro lado y decir: "Señor, danos las herramientas para ser mi mejor versión; mi mejor versión para mí mismo, para mi hogar, para mi familia y para mi entorno". Bueno, aquí vamos, siendo construidos un día a la vez.

No hay matrimonio que mejore esperando que el otro cambie. Si ves que hay algo que esperas de la otra persona, es hora de preguntarse qué puedes hacer tú para no esperar ese cambio y para dar más de lo que has dado.

Finalmente, el tercer principio es que somos iglesia por algo. Disfruta del hecho de pertenecer al Cuerpo de Cristo y no enfrentes las situaciones en soledad.

Samuel es cristiano de toda la vida, yo no. Pero algo que teníamos en común es que ninguno de los dos fue formado para tener un hogar. Ambos hemos tenido que bajar la cabeza y aceptar que no sabíamos cómo construir un matrimonio. El Señor puso en ambos el querer buscar ayuda y, gracias a nuestros mentores, hemos recibido herramientas para poder crecer.

Richard y Judy Hernández son nuestros mentores como matrimonio, ya les he contado de ellos. Viven en Miami y básicamente su primera labor fue de arbitraje en nuestras peleas y discusiones. Solíamos ir a comer a su casa, nos sentábamos los cuatro a la mesa y ellos escuchaban nuestras quejas mutuas y nuestras preguntas. Luego, con mucho amor, nos contaban cómo habían estado en el mismo lugar que nosotros y cómo Dios los capacitó para salir de allí y estar fortalecidos como matrimonio.

Cuando teníamos dificultades y mis emociones me cegaban, mi relación con Judy y Analaura, fue la mejor manera de equilibrar mi corazón. Recurría a ellas, les contaba lo que estábamos viviendo y con amor siempre me permitían ver la otra cara de la moneda en la que era yo quien podía cambiar la situación y que lo que yo veía no era la palabra final.

Con Judy aprendí que cada matrimonio tiene tres verdades: la mía, la de mi esposo y la que realmente es. Así que aprendí a desconfiar un poco de mis percepciones y a permitir que Dios me muestre su perspectiva, ya sea a través de la oración o de las diferentes maneras que Él tiene de hablarme.

Con Anita aprendí a sonreír y a saber que el más interesado en luchar por mi hogar es Jesús y cuando sabes que cuentas con tremendo aliado, todo va a estar bien.

Con lo anterior, quiero decirte que la tormenta con la que comencé este capítulo me enseñó algo.

Para terminar de contarte la historia, a través del proceso de salud que hemos vivido, mi reacción inicial fue llamar a mi mamá y preguntarle cómo había vivido mi primera sanidad y pedir su apoyo emocional para atravesar el proceso.

No quería cargar a mi esposo con todo lo que un diagnóstico representa en el hogar. Me preocupaba que bajo la presión, agarrara el primer vuelo que encontrara para mandarme a la casa de mi mamá o que se enfermara por tener que llevar sobre sus hombros toda la responsabilidad del hogar.

Soy cristiana, pero también humana. Miles de escenarios tristes pasaron por mi mente al verme incapacitada y saber cómo podía terminar el tratamiento.

Pero Dios, en su infinito amor, nos comenzó a guiar paso por paso.

Nuestros pastores en Georgia nos preguntaban constantemente cómo estábamos. Nuestro pastor, con su carácter y amor de padre, siempre nos instaba a seguir firmes; a no declarar lo que sentíamos, sino a hablar lo que creíamos de Dios. Ella, por su parte, me habló firmemente que aunque parecía que era lo mismo que antes, nada iba a ser igual que la primera vez. Me dijo con firmeza. "¡Métete en la Palabra, Lala! ¡Ella te va a traer el depósito de Dios para este tiempo!".

Así que obedecimos. Leíamos, escuchábamos versículos de sanidad todo el tiempo, cantábamos y la fuerza empezó a volver a mi cuerpo.

Luego, nuestros pastores de Miami y amigos, Christian y Gabi García, nos hablaron que la Palabra de Dios traía orden sobre mi cuerpo. Muchos amigos y familiares se fueron uniendo a nuestras oraciones. Mi esposo y yo siendo uno espiritualmente peleamos esta batalla, pero con la mente puesta en el fin y el fin era que Jesús ya había pagado todo dolor en la cruz.

Mis temores se fueron silenciando cuando vi a mi lado al león espiritual que es mi esposo, quien con amor oraba por mí cuando yo no podía, pero que también con voz firme me hacía levantar para exigirme dar la milla extra por mi sanidad.

Querida y amada mujer soltera, un matrimonio no es solo para momentos lindos, sino también para las pruebas que la vida pueda traer. ¿Estás segura de que la persona a la que le piensas dar el sí estará en esos momentos difíciles?

Yo soy bastante recatada. No soy de las que se tira gases voluntaria y abiertamente frente a su esposo o de las que va y hace sus necesidades con la puerta abierta. Pero en esos días, él tuvo hasta que ayudarme a usar una bacinilla en un hospital. Si eres novia, ¿crees que quien vayas a elegir estará allí cuando lo necesites?

Y si estás casada, oro para que el Señor ponga la capacitación necesaria en tu esposo y en ti para que actúen como sea necesario en cada etapa de la vida que deban atravesar.

El poder del Espíritu Santo te capacita para tareas imposibles. Yo creo que Dios es el mejor mercadólogo del mundo.

Él nos creó para su gloria y alabanza, se deleita en nuestras vidas y ama ser parte activa de ellas. Él sabe que si nosotros como sus hijos tenemos una buena historia que contar y, evidentemente, se ve su mano en nuestros días, más personas querrán conocerle y vivir lo que Él nos puede dar: vida en abundancia.

Su poder sobrenatural te dará las herramientas para hacer tareas fáciles y cotidianas como organizar una casa, encontrar un reloj perdido, cocinar sanamente; o labores más complicadas como creer por un matrimonio que parece estar perdido.

No sé qué necesitas para tener tu hogar soñado, pero sí sé quién puede dártelo. Ve a Él.

Tres meses después de toda esta historia, mis citas con los médicos traen cada vez mejores noticias. Mi cuerpo ya se estabilizó y cada vez está mejor. En palabras de los doctores, me han dicho: "No sé qué has estado haciendo en los últimos meses, pero sea lo que fuese, funciona. ¡Sigue así!".

¿Sabes cuál ha sido mi secreto? El poder de Dios, su Espíritu Santo, el mismo que levantó a Jesús de la muerte y lo ascendió al lado del Padre, está en mí, en cada célula, en cada tejido, en mi sangre... quebrando toda enfermedad y levantándome para que tú puedas leer hoy esto y creer que aún existen los milagros. Dios sigue obrando, Él puede convertir un imposible en un hecho está. Él puede cambiar tu lamento en baile, y así como ha estado haciendo con mi cuerpo una y otra vez, puede hacerlo con tu hogar.

¡Él sigue manifestándose en la vida de sus hijos! Tú tienes un milagro a la distancia de una oración. ¡Ve por él!

LEYES ESPIRITUALES QUE TRABAJAN A TU FAVOR

Constantemente pierdo algo (aunque esto está dejando de pasar). Muchos lo atribuyen a que soy desordenada, pero a veces creo que es más por ser distraída.

Sin embargo, la Biblia dice que el Espíritu Santo nos ayuda y sabe todas las cosas, por lo que a menudo, en medio de mi búsqueda le pido que me ayude a encontrar lo que necesito (al fin y al cabo, si sabe todas las cosas, también sabe en dónde dejé mis objetos).

¿Y qué creen? ¡Siempre lo encuentro!

De alguna manera, siento en mi corazón en dónde buscar, aun en lugares absurdos, y llego de inmediato a lo que se me había refundido.

De la misma manera ocurre en nuestros matrimonios. A menudo, nos encontramos tratando de resolver cuestiones y problemas, ya sea la codependencia, la manipulación, el aislamiento, los vicios, la falta de comunicación, la incomprensión, etc. Todas muestras de la ausencia del gobierno de Dios en un área específica.

Pero, mientras lo hacemos solas, en nuestras fuerzas, es como buscar una aguja en un pajar, sin tener dirección de cómo obrar exactamente, sin saber cómo orar o ver el panorama completo de lo que realmente está pasando.

Cuando involucramos el poder de Dios en nuestra ecuación, ¡todo cambia! Hasta tu oración. Él sabe exactamente qué es lo que sucede y te va a guiar a hacer acciones tanto en el ámbito espiritual como en el terrenal para poder construir tu matrimonio.

Basta ya de creer que con tus capacidades tu hogar va a ser transformado. Aunque puedas tener resultados temporales actuando o más bien "manipulando" de una manera u otra, hay un ayudador que puede hacer lo sobrenatural en tu hogar.

El matrimonio es una entidad física y una entidad espiritual. Como entidad espiritual existen algunas "leyes" o "principios" que rigen y aplican a la misma, ya sea para nuestro beneficio o perjuicio. Por eso, en este espacio quiero desarrollar cuatro leyes que trabajan a nuestro favor y que funcionan para todo el mundo, incluso para aquellos que no creen en Dios, aunque los principios de su vida sean bíblicos y los atribuyan a otro tipo de disciplinas.

1. Ley de la siembra y la cosecha: Lo que siembres, cosecharás.

2. Ley del acuerdo: Cuando dos se ponen de acuerdo en algo y lo piden, será hecho (Mateo 18:19).
3. Ley de la fe: Lo que crees y hablas te será dado (Marcos 11:23).
4. Ley del amor: Amar a Dios y al prójimo sobre todas las cosas (Mateo 22:35-40).

Todas estas "leyes" aunque tienen acciones en el ambiente natural, desencadenan respuestas en el ámbito espiritual, porque aunque creamos o no que existe, es una realidad.

Por eso vamos a ver una por una. Recuerda, no necesariamente tienen que parecer lógicas a tu mente. Nuestra forma de pensar tiene que ver mucho con el "ojo por ojo, diente por diente", pero las cosas en Jesús son diferentes, te lo quiero contar:

1. Ley de la siembra y la cosecha: Lo que siembres, cosecharás.

> *Recuerden lo siguiente: un agricultor que siembra solo unas cuantas semillas obtendrá una cosecha pequeña. Pero el que siembra abundantemente obtendrá una cosecha abundante.*
>
> —2 CORINTIOS 9:6

Amar a nuestro esposo aunque creemos que no lo merezca, es sembrar gracia en él, es dar testimonio de nuestro Jesús a su vida, es cambiar el ambiente espiritual de ofensa y dolor por el de perdón y transformación. Si siembras perdón, créeme que habrá un momento en donde lo cosecharás. Si siembras dulzura, cariño, confiabilidad, estos irán llenando el corazón de tu esposo tanto en lo natural como en lo sobrenatural, para que tarde o temprano puedas cosechar esto en él.

Ahora bien, si siembras cizaña, si siembras desprecio, falta de respeto, mentira o sarcasmo, estás modelando en él tu conducta y, tarde o temprano, también cosecharás un resultado similar.

2. Ley del acuerdo: Cuando dos se ponen de acuerdo en algo y lo piden, será hecho.

También les digo lo siguiente: si dos de ustedes se ponen de acuerdo aquí en la tierra con respecto a cualquier cosa que pidan, mi Padre que está en el cielo la hará.

—Mateo 18:19

Cuando los esposos comienzan a desanimarse y a decirse mutuamente que su matrimonio es un fiasco, que mejor sería separarse, que no son felices; la ley del acuerdo puede ponerse en marcha. Son dos personas poniéndose de acuerdo en sus palabras y hechos para acabar el hogar ¿Qué crees que puede pasar?

En cambio, si ambos deciden unirse para creer por milagros sobrenaturales, estos vendrán. ¿Qué tal si juntos encuentran puntos en común para orar?, ¿para creerle a Dios por un nivel espiritual más profundo? ¿Qué tal si tomas la determinación de creerle al Señor por aquel milagro que siempre has soñado y tu esposo está de acuerdo contigo? ¡Lee el versículo que te escribí antes! La unidad trae bendición.

3. Ley de la fe: Lo que crees y hablas te será dado.

Les digo la verdad, ustedes pueden decir a esta montaña: "Levántate y échate al mar", y sucederá; pero deben creer de verdad que ocurrirá y no tener ninguna duda en el corazón.

—Marcos 11:23

Cuando una esposa comienza a quejarse de su esposo por cada hecho descortés que tiene, por cada palabra dura que dice, por cada acción que le afecta, sus palabras están creando realidades. ¿Te acuerdas de la venenosa? Como esposas debemos tener mucho cuidado de entender el poder que hay en nuestros labios para proferir decretos en la vida de nuestros esposos.

Amarra la venenosa, decide que cada palabra que salga de tu boca sea para edificación y no para destrucción.

4. Ley del amor: Amar a Dios y al prójimo sobre todas las cosas.

—*Maestro, ¿cuál es el mandamiento más importante de la ley?*

"Ama al Señor tu Dios con todo tu corazón, con todo tu ser y con toda tu mente" —*le respondió Jesús*—. *Este es el primero y el más importante de los mandamientos. El segundo se parece a este: "Ama a tu prójimo como a ti mismo". De estos dos mandamientos dependen toda la ley y los profetas.*

—Mateo 22:36-40, NVI

Cuando respondemos bien por mal, no lo hacemos como víctimas y sufridas porque nos gusta vivir "sin esperanza" y "resignadas". NO, cuando lo hacemos, es porque entendemos que espiritualmente, responder con amor es una bomba espiritual que transforma ambientes y cambia realidades.

El matrimonio y la vida misma son un campo en el que nuestras armas no son comunes. Tenemos un equipamiento espiritual que es más poderoso que un arma nuclear. ¿Por qué teniendo esta realidad tan importante en nuestras manos, nos fijamos únicamente en lo que vemos?

En el matrimonio interactúa nuestro ser (espíritu, alma y cuerpo) con el de nuestro esposo. Consolidar una relación únicamente física o emocional deja corto nuestro hogar. Vivamos el poder de la transformación del Espíritu Santo en nuestro matrimonio.

Dar amor en momentos de ira o tensión constituye un arma que tiene el potencial para cambiar ambientes. Puede cambiar la indisposición de tu esposo, puede cambiar el rumbo de un divorcio, si tan solo decides ser un odre para transmitirle a tu esposo lo que Dios te da día a día.

Las leyes que vimos pueden obrar completamente a nuestro favor. Dios es un Dios que ama los hogares y las familias. Él

ama ver a los matrimonios unidos, porque un hogar fortalecido es un campo de bendición para generaciones.

Se necesita una sola persona que crea en Él para vivir un hogar
de ensueño. No me canso de decir que una esposa que ama y se
aferra a la voluntad de Dios corre el riesgo de vivir una vida feliz
y hacer a su esposo el hombre más realizado del planeta.

Decidamos sembrar amor, gozo, paz, paciencia, benigni-
dad, fe, bondad, mansedumbre y dominio propio. Demos amor
cuando menos creemos que corresponda darlo. Creamos que
sembrar ternura en nuestros esposos nos dará una cosecha de
gozo, amor y fidelidad como nunca antes la hemos visto. Decidamos ponernos de acuerdo con el Espíritu Santo para tener un
hogar completamente transformado, un lugar de paz y amor en
el que Jesús reine y sea el centro de nuestra unión.

Decidamos creer y hablar palabras de bendición sobre nuestros maridos. Mordamos #LaVenenosa cada vez que quiera
crear decretos de infelicidad o de acusación sobre ellos. Repi-
tamos lo que Dios dice de ellos. Decidamos construir nuestro
hogar con las palabras de Dios, no con la realidad de nuestras
circunstancias.

Finalmente, decidamos amar. El Señor nos amó cuando
estábamos inmersos en nuestra vida de pecado, alejados de Él
y viviendo a "nuestra manera". El amor cubre multitud de faltas; establece una atmósfera espiritual milagrosa; puede cambiar corazones de piedra por corazones de carne; puede quitar
todo temor, dolor e ira.

¡Llénate de amor! Ama y permite que tu vida sea el vehículo
del amor de Dios sobre tu matrimonio.

> *Nos amamos unos a otros, porque él nos amó primero.*
> —1 JUAN 4:19

Para cerrar, mi deseo es que podamos crecer juntas. Que el
Señor bendiga sus días y las llene de gozo y fe. Creo en ustedes
como esposas e hijas de Dios sabias y dignas, fuertes y amorosas, serenas y transformadas.

Y tú, ¿lo puedes creer?

Capítulo 15

UN DÍA Y UNA VIDA DE ORACIÓN

A MIS VEINTE AÑOS, luego de casi dos años de vivir fuera de la casa de mi mamá, estaba parada frente a un médico que no le daba muchas esperanzas para mi vida. Le dijo que el daño que tenía mi cuerpo era bastante, que incluso lo que ellos mismos podían hacer era limitado. Tenía que llevarme a casa, esperar un milagro con los medicamentos y cuidarme.

Su respuesta fue: "¡Muy bien, doctor! Yo sé qué medicina necesita mi hija y que mi Médico eterno la va a sanar".

Llegamos a casa, me cuidó, limpió mis lágrimas a causa del dolor de mi cuerpo, pero también del dolor que tenía en mi corazón después de todo lo que había vivido lejos de Dios.

Es una mujer de fe, no dudó ni me demostró el temor con el que los médicos le habían hablado. Me exigía, ¡oh, sí! Bastante. Si podía estar de pie cinco minutos, me animaba a que esos cinco minutos fueran útiles y los pasaba lavando los trastes después del almuerzo.

Su fe es inconmovible. Sabe quién determina lo que su corazón debe sentir.

Es preciosa, tan valiente para predicar, para orar... De hecho, se ha enfrentado a juicios legales y padres armados por predicar la Palabra (algún día les contaré esta historia que cual película de Hollywood tiene un final feliz), pero allí sigue, enseñando en amor, enseñándome a enseñar y siendo un ejemplo para quienes la conocemos.

Gracias a su ejemplo, aprendí a orar y así como ella me enseñó y les enseña a sus alumnos a tomar las vitaminas espirituales para sanar su corazón, te comparto a continuación las mías.

Oraciones y declaraciones
por mi hogar

Como te he contado, las oraciones que más me gustan hacer suelen ser directamente tomadas de la Palabra de Dios.

A veces, procuro que sean cortas, para de esa manera repetirlas y memorizarlas fácilmente durante todo el día. Por eso, voy a compartirte diez de mis oraciones más comunes que hago por mi esposo y mi hogar. Espero que te sirvan y que no te limiten. Crea otras oraciones, investiga, busca en la Palabra de Dios e inspírate. Seguramente podrás hacer muchas más.

Oración por intimidad más allá de lo imaginado:

> Y *ahora, que toda la gloria sea para Dios, quien puede lograr mucho más de lo que pudiéramos pedir o incluso imaginar mediante su gran poder, que actúa en nosotros.*
>
> —Efesios 3:20

> *Señor, oro y creo que nuestro hogar puede llegar a lugares de amor mucho más grandes y a instancias de intimidad más profunda de lo que yo misma pueda imaginar gracias a tu poder. El mismo poder que resucitó a Jesús de la muerte puede darle vida a mi matrimonio como nunca lo hubiera imaginado.*

Oración por fortaleza y crecimiento espiritual:

> *Pido en oración que, de sus gloriosos e inagotables recursos, los fortalezca con poder en el ser interior por medio de su Espíritu. Entonces Cristo habitará en el corazón de ustedes a medida que confíen en él. Echarán raíces profundas en el amor de Dios, y ellas los mantendrán fuertes. Espero que puedan comprender, como corresponde a todo el pueblo de Dios, cuán*

ancho, cuán largo, cuán alto y cuán profundo es su amor. Es mi deseo que experimenten el amor de Cristo, aun cuando es demasiado grande para comprenderlo todo. Entonces serán completos con toda la plenitud de la vida y el poder que proviene de Dios.
—Efesios 3:16-19

Padre, te doy gracias y te pido que de tus inmensos recursos y poder nos fortalezcas a mi esposo y a mí con poder en nuestro interior, por medio de tu Espíritu Santo. Que podamos crecer en nuestra confianza hacia ti y podamos ver la obra de Jesús en cada día que vivamos.

Te pido, Señor, que podamos echar raíces profundas en tu amor, para mantenernos fuertes en cualquier circunstancia; que podamos comprender cuán ancho, largo, alto y profundo es tu amor representado en la cruz del calvario, ese amor que se dio por nosotros, que nos completa y llena, ese amor que solo proviene de ti.

Oración por propósito y unión:

Toda la alabanza sea para Dios, el Padre de nuestro Señor Jesucristo, quien nos ha bendecido con toda clase de bendiciones espirituales en los lugares celestiales, porque estamos unidos a Cristo. Incluso antes de haber hecho el mundo, Dios nos amó y nos eligió en Cristo para que seamos santos e intachables a sus ojos.
—Efesios 1:3-4

Padre, a ti te alabo y te doy gracias porque mi esposo y yo somos bendecidos con toda clase de bendiciones. Gracias porque ambos estamos unidos en Jesús y porque incluso antes de haber creado el mundo nos diste un nombre y un propósito para ser luz como hijos en esta tierra.

Oración para aumentar la confianza como esposa y reflejarla en la sujeción en mi hogar:

Para las esposas, eso significa: sométase cada una a su marido como al Señor, porque el marido es la cabeza de su esposa como Cristo es cabeza de la iglesia. Él es el Salvador de su cuerpo, que es la iglesia. Así como la iglesia se somete a Cristo, de igual manera la esposa debe someterse en todo a su marido.

—Efesios 5:22-24

Señor, ayúdame a poder genuinamente ver la autoridad que tú has puesto sobre mi esposo y a confiar en sus decisiones, sabiendo que estás en medio de ambos. Señor, quiero hacer tu voluntad y por eso confío en que tú obras a través de mi esposo.

Oración para interceder por el amor de mi esposo hacia mí:

Para los maridos, eso significa: ame cada uno a su esposa tal como Cristo amó a la iglesia. Él entregó su vida por ella a fin de hacerla santa y limpia al lavarla mediante la purificación de la palabra de Dios.

—Efesios 5:25-26

Padre, oro a ti pidiendo favor y gracia delante de mi esposo, que me ame como tú me amas, que me vea como tú me ves y que pueda levantarse en autoridad para reflejar tu carácter y tu amor todos los días.

Oración por sabiduría y entendimiento espiritual:

Le pedimos a Dios que les dé pleno conocimiento de su voluntad y que les conceda sabiduría y comprensión espiritual. Entonces la forma en que vivan siempre honrará y agradará al Señor, y sus vidas producirán toda clase de buenos frutos. Mientras tanto, irán creciendo a medida que aprendan a conocer a Dios más y más.

—COLOSENSES 1:9-10

Padre, oro a ti para que nos des sabiduría y entendimiento espiritual. Que podamos vivir honrándote y agradándote y que nuestra vida produzca toda clase de buenos frutos en todas nuestras áreas. Señor, te pido que podamos crecer espiritual, financiera, y emocionalmente, y que podamos conocerte cada día más y más en cada paso que demos.

Oración por paz y provisión para mi hogar:

El SEÑOR es mi pastor; tengo todo lo que necesito.

—SALMOS 23:1

Padre, tú eres mi pastor y tengo todo lo que necesito. Tú eres mi ayudador. Tú eres mi Dios, mi Padre, nada me faltará. Tú eres quien suple las necesidades de mi hogar, nunca nos faltará tu provisión; tú eres el amor que nos une, nunca nos faltarán el perdón ni la comprensión para cada circunstancia; tú eres nuestra sabiduría, nunca nos faltará dirección; en ti está nuestra unión, nunca nos faltará respaldo.

Oración por dirección y discernimiento:

Pues la palabra de Dios es viva y poderosa. Es más cortante que cualquier espada de dos filos; penetra entre el alma y el espíritu, entre la articulación y la médula del hueso. Deja al descubierto nuestros pensamientos y deseos más íntimos.

—HEBREOS 4:12

Señor, tu Palabra es una espada que viene a cortar mis pensamientos y ayudarme a discernir si vienen de tu parte o no. Pongo delante de ti toda circunstancia, idea o proyecto y sé que tu Palabra me guiará para saber qué viene de mis emociones y qué viene de tu Espíritu. Gracias, Señor, por tu dirección.

Oración por autoestima y carácter:

En cambio, vístanse con la belleza interior, la que no se desvanece, la belleza de un espíritu tierno y sereno, que es tan precioso a los ojos de Dios. Así es como lucían hermosas las santas mujeres de la antigüedad. Ellas ponían su confianza en Dios y aceptaban la autoridad de sus maridos.

—1 PEDRO 3:4-5

Señor, oro a ti y te pido que me ayudes a descubrir la belleza que has puesto en mí. Que tu carácter sea reflejado en mi comportamiento, que pueda permanecer tierna y serena en cada circunstancia. Gracias, Señor, porque entiendo que soy bella, entiendo que me has hecho hermosa en el exterior partiendo de mi interior, que me haces bella para mi esposo y nos mantendrás unidos porque en ti he puesto mi confianza.

Oración por sanidad, restauración y libertad:

Pero Cristo nos ha rescatado de la maldición dictada en la ley. Cuando fue colgado en la cruz, cargó sobre sí la maldición de nuestras fechorías. Pues está escrito: "Maldito todo el que es colgado en un madero".

—GÁLATAS 3:13

Padre, toda maldición de enfermedad, de división, de divorcio, de violencia, de dolor, de ruina, de escasez, de miseria, de pobreza mental, de ansiedad o de temor fue cancelada en la cruz del calvario y no nos pertenece. Gracias, Padre, porque el precio de la paz y el amor de nuestro matrimonio fue pagado en la cruz y nada podrá hacernos frente porque tú vas delante de nosotros, abriendo caminos en los desiertos y trayendo luz y gracia con favor sobrenatural sobre nosotros, tus hijos.

Para cerrar este texto, quiero hablarte de una guerrera de oración: mi suegra. Yo le doy gracias a Dios porque me rodea de personas con corazones fuertes y fe inquebrantable. Creo que ver sus experiencias me ha ayudado a fortalecerme en momentos difíciles.

Durante casi tres años, Glorita, la mamá de Samuel, pasó un proceso a raíz de un diagnóstico de cáncer que nos confrontó a todos. Sin embargo, en su lucha con las quimioterapias, las radioterapias y todo lo que un proceso así conlleva, nunca la vi decaída, nunca vi que sus brazos flaquearan.

Hoy en día, es la mujer más sana del planeta. Como yo le digo, es fuerte y está más bella que nunca. Recuperó su cabello, su piel es preciosa y siempre tiene una sonrisa en su rostro.

¿Cuál fue su secreto? Al entrar a su casa, verás cuadros de bendición en cada lugar por donde mires. Siéntate en su mesa, encontrarás una gran Biblia llena de muchos colores y papeles dentro con diferentes oraciones. Escucha su música, siempre está con alabanzas y adoración en su cocina. Siéntate a comer con ella, nunca cena antes de agradecer a Dios por cada pequeño o gran manjar que cocina o traen sus manos.

Una mujer de fe se construye con su alimento diario, con lo que ve, con lo que habla, con lo que escucha. Mi suegra siempre está alimentándose de fe. Es una mujer valiente y doy gracias a Dios por el ejemplo que es para mí.

Nunca ha parado de orar por nosotros. Ella, la abuelita Efi y mi mamá han sido guardianas e intercesoras en cada uno de nuestros procesos. No puedes ver mi matrimonio sin verlas a ellas, aunque no sean visibles. Muchas de nuestras victorias se deben a sus consejos pero, especialmente, a sus oraciones.

¿Conoces a mujeres de fe? Aprende de ellas, aférrate a su fortaleza, no las idealices, al igual que tú, pueden y van a cometer errores, pero están en el camino de buscar a Jesús. Caminar a su lado va a hacerte el trayecto más fácil. Rodéate y ora con ellas.

Capítulo 16

EL DÍA EN QUE CONOCÍ LA MISIÓN MÁS GRANDE QUE TENÍA EN ESTA TIERRA: SÉ 1 MENSAJE

SI ME HAS leído en las redes sociales, sabes que me apasiona la comunicación. Cuando vine a Estados Unidos, llegué con una maleta llena de libros, ropa, cremas y algunas joyas que habíamos hecho con mi hermana y que me gustaba usar.

Debido al proceso de inmigración, tuve que pasar mucho tiempo en el apartamento en donde vivíamos sin poder movilizarme. Fueron casi tres años y medio en los que si Samuel no estaba, difícilmente podía hacer algo. Y aunque aprendí a moverme en transporte público y en Uber, las condiciones económicas no siempre eran las adecuadas para este tipo de gastos, ya que las distancias en Miami son grandes y las rutas no van a todos los lados.

En esos años, soñaba con volver al ruedo en las comunicaciones. Amo la radio, amo las tarimas, me encanta hacer sonreír a las personas y darles un mensaje.

Sin embargo, al ver mi "realidad", todo eso parecía imposible. Oraba a Dios con desespero, pues no sabía qué era lo que me esperaba en este país. Quería comunicar, pero no veía la manera de hacerlo.

Una mañana, en esas conversaciones matutinas, escuché la voz audible de Dios diciéndome: "Sé un mensaje". Automáticamente, asocié esta frase con mi don de comunicación, pero Dios siguió diciéndome: "Sé un mensaje".

Esa noche, llegó mi esposo y antes de que abriera la puerta volví a escuchar esa voz: "Sé un mensaje", pero esta vez tenía algo más, incluía las palabras "Sé un mensaje *para él*".

Ese día, entendí que Dios me hablaba que si había alguien que debía leer el amor de Jesús en mí, era mi esposo. Si había alguien para quien debía ser testimonio, era él. Si había alguien que debía saber que yo tenía un Dios a quien le creía fielmente, era mi marido.

Dios no me hablaba de multitudes, no me hablaba de la radio, no me hablaba de tarimas, me estaba enseñando lo más grande que podía recibir como mujer. La plataforma más importante que voy a tener es mi matrimonio; el micrófono más grande que va a hablar de mi fe son las palabras que le hablo a mi esposo; el evangelio más importante que debo predicar comienza en mi hogar.

Así que me determiné a ser eso, un mensaje de amor para la vida de mi esposo, y cada día que pasa veo que Dios no se equivoca. La generación sobre la cual más incidencia voy a tener en toda mi vida es la de nosotros.

Las esposas son las biblias que constantemente leen los esposos. ¿Qué Jesús conoce tu esposo a través de ti?

Cuando las personas vienen a hablarme de lo hermoso que se ve mi matrimonio, de lo ideal que es mi esposo, de lo sabia que he sido, de lo bien que hemos administrado lo que Dios nos ha dado, yo solo veo la fidelidad de Dios. Él cumple cuando nosotras dejamos que su verdad sea nuestra verdad.

Hoy en día, trabajo en una radio en el norte de Georgia. Mi voz ha sonado en diferentes países y he tenido públicos de miles de personas, pero mi escenario favorito, mi oyente especial, mi pasión más grande está tras bambalinas, está en la noche. Sin maquillaje, sin cámaras, delante de Dios y de mi esposo, en mi hogar, quiero ser la esposa que Dios creó para Samuel.

Esto no significa que no tengamos aún áreas en las cuales trabajar, por el contrario, el matrimonio se construye día a día y nosotros, al igual que tú, estamos de la mano de Dios avanzando en nuestra historia.

Por eso, quiero animarte a que te unas a creer por tu hogar. Anhela, sueña, imagina y crea los escenarios más grandes para tu vida, pero recuerda que si hay una misión importante que solo puedes cumplir tú, es ser esposa. Allí en tu hogar, deja que Dios ame a tu esposo a través de ti, #Sé1Mensaje para él.

CONCLUSIÓN

TODA MUJER AL casarse comienza un recorrido para entender más profundamente su llamado.

Las mujeres jóvenes de estas generaciones están cambiando la calidez del hogar por la individualidad, la independencia y los logros personales; desafortunadamente, esto está afectando el corazón de la sociedad: la familia.

Yo no he tenido un sueño que no haya cumplido por estar casada; por el contrario, siento que desde que dije "sí", un cohete me ha llevado por las experiencias más grandes y bellas con Dios.

El matrimonio es una bendición. Poder tener tu compañero de aventuras y cómplice hará que tu vida sea un hermoso transitar; pero, como vimos a lo largo del libro, todo matrimonio puede pasar por distintas temporadas. Cada una de ellas reflejará algo nuevo de ti, de él y del carácter de Dios en ambos. No temas, avanza.

Si hoy estás en el invierno de tu matrimonio, tranquila, no hay noche que no termine. Y si estás en primavera o en verano, disfruta, goza. Dios te creó para vivir en la plenitud de su amor.

Si leíste este libro, me encantaría conocerte. ¿Qué te parece si nos encontramos en las redes sociales? ¡Búscame! Quiero conocer tu historia.

Si estás pensando: "Lala, ¿y las finanzas? ¿Y las suegras? ¿Y los matrimonios con hijos de anteriores relaciones? ¿Y el embarazo? ¿Y la crianza de los hijos? ¿Qué pasa con estos temas?

¿Cómo perdonar? ¿Cómo prepararme para un noviazgo siendo soltera? ¿Cómo lidiar con la ira?...".

Te prometo que en mi siguiente libro profundizaremos más estos y otros temas para novias y esposas jóvenes. Las temáticas que elegí para este primer diario las seleccioné pensando en dar una pincelada al corazón de toda mujer joven casada y cercana al matrimonio. Todo lo demás, lo seguiremos construyendo. El Señor seguirá guiándonos. ¡Crezcamos juntas!

Dios te ama, te ama profundamente y eres valiosa para Él. ¡Nunca lo olvides!

Con mucho amor, te envío un abrazo gigante. Sonríe, pero hazlo en serio, déjame ver tus dientes, si quieres hasta tus encías, arruga esos ojitos, respira y date cuenta de que estás viva. Eres un regalo y la respuesta de Jesús a una necesidad de esta tierra. En donde sea que estés, #Sé1Mensaje

—Lala Herrera
@lalaherreratm

NOTAS

Capítulo 5

1. Estallo, Judith (2011), "Doctor A.K. Pradeep: El 95 % de las decisiones que tomamos se gestan en el subconsciente", consultado en línea el 2 de diciembre de 2018, https://www.lavanguardia.com/ciencia/20110110/54098614275/doctor-a-k-pradeep-el-95-de-las-decisiones-que-tomamos-se-gestan-en-el-subconsciente.html

2. Siegel, G. J. y otros (2006), *Basic Neurochemistry* [Neuroquímica elemental], séptima edición, Academic Press.

3. Izard, C. E. (1991), *The psychology of emotions* [La psicología de las emociones], Plenum Press.

Capítulo 7

1. Frase adaptada del libro *En Él* de Kenneth Hagin (2006), Faith Library Publications, pág. 13.

Capítulo 9

1. Pearl, Debi, *Creada para ser su ayuda idónea*, 2010, No Greater Joy Ministries, EE. UU.

Capítulo 10

1. "Whatsapp ha causado la ruptura de 28 millones de parejas", consultado en línea el 22 de diciembre de 2018, https://www.lavanguardia.com/tecnología/20131008/54390714213/whatsapp-ruptura-parejas.html

ACERCA DE LA AUTORA

Lala Herrera es una comunicadora, conferencista, escritora, *influencer* y conductora radial colombiana. Cuenta con estudios en sicología, mercadotecnia digital, teología, comunicaciones y comercio internacional. Su pasión es el estudio de la Palabra, la familia y en especial, la formación de matrimonios jóvenes. Con su extrovertida e informativa manera de enseñar y comunicarse ha logrado influenciar cientos de matrimonios jóvenes que día a día la contactan a ella y a su esposo, Samuel Arana, a través de sus perfiles digitales. Su eslogan de gran alcance #Sé1Mensaje ha inspirado a muchas personas con temáticas relacionadas a la familia, la vida digital en el hogar y la comunicación e identidad en el diseño de Dios.

Actualmente es la locutora del show estelar de la tarde de la emisora MÁS 100.9 FM que se transmite desde el norte del estado de Georgia, EE. UU. y cuyo alcance vía web se extiende a Latinoamérica. Lala ha sido reconocida por su trabajo en la radio, aportes a revistas, periódicos, proyectos digitales, blogs, talleres y conferencias. También ha servido como tutora en varios proyectos digitales para la expansión del Evangelio. Además, junto a su esposo es la cocreadora de la comunidad digital "Diario para esposas jóvenes", cuyo contenido se transmite por medio de blogs, *podcasts* y videos. Lala y Samuel residen en Atlanta, Georgia.

Para más información visita:

www.lalaherrera.com

@lalaherreratm 🄵 🄾 🅈 ▶ YouTube

Mail: lalaherreratm@gmail.com

Te invitamos a que visites nuestra página web, donde podrás apreciar la pasión por la publicación de libros y Biblias:

www.casacreacion.com

f @CASACREACION

 @CASACREACION

 @CASACREACION

Para vivir la Palabra